진짜_중국어 2

진준 · 성구현 지음

PAGODA Books

진짜 중국어 2

초판 1쇄 인쇄 2021년 3월 17일
초판 1쇄 발행 2021년 3월 26일

지 은 이 | 진준, 성구현
펴 낸 이 | 고루다
펴 낸 곳 | Wit&Wisdom 도서출판 위트앤위즈덤
임프린트 | **PAGODA Books**
출판등록 | 2005년 5월 27일 제 300-2005-90호
주 소 | 06614 서울특별시 서초구 강남대로 419, 19층(서초동, 파고다타워)
전 화 | (02) 6940-4070
팩 스 | (02) 536-0660
홈페이지 | www.pagodabook.com

ISBN 978-89-6281-870-3 (13720)

도서출판 위트앤위즈덤 www.pagodabook.com
파고다 어학원 www.pagoda21.com
파고다 인강 www.pagodastar.com
테스트 클리닉 www.testclinic.com

PAGODA Books는 도서출판 Wit&Wisdom의 성인 어학 전문 임프린트입니다.
낙장 및 파본은 구매처에서 교환해 드립니다.

머리말

진짜중국어 1탄에 이어 2탄으로 만나 뵙게 되어 매우 기쁘고, 구독자 여러분께 진심으로 감사드립니다. 지금 이 머리말을 쓰고 있는 순간 저희는 3탄도 집필 중입니다. 1탄의 내용은 중국어 입문자들이 쉽고 재미있게 배울 수 있게 기초적인 어법 및 표현을 다루었다면, 2탄은 중국어를 최소 4～5개월 이상 배우신 분들이 기본 어법을 한 번 더 다지고, 나아가 현재 중국인들이 실생활에서 가장 많이 사용하는 표현들로 구성된 책입니다. 아마 이 책을 마스터하신다면 중국인들이 깜짝 놀랄만한 표현을 술술 말할 줄 알게 되실 겁니다.

중국어는 입문에서 초급으로 넘어가는 분들이 가장 많습니다. 그만큼 중 · 고급으로 넘어가는 허들이 크다고 할 수 있겠지요. 이런 현실을 저희 진짜 중국어 팀이 꼭 깨보고 싶어서 이 책을 집필하게 되었습니다.

하루 한 과씩 이 책에 나와 있는 문장들을 꾸준히 암기해 나간다면, 분명 원어민 수준의 어감과 회화 능력을 단기간에 상승시키는 경험을 하시게 될 것입니다. 여러분의 성장에 진짜중국어 2탄이 그 시작이 되었으면 좋겠습니다.

구독자 여러분들이 아니었으면 이 책이 나오기 힘들었을 것입니다. 항상 아낌없는 사랑과 격려 보내주셔서 감사드리고 마지막으로 이 책이 나오기까지 가장 큰 힘이 되어 주셨던 고루다 대표님께 감사의 말씀 전합니다.

2021년 3월

진준 · 성구현

진짜 중국어 2 미리보기

진준 · 성구현의 음성 강의 바로 가기

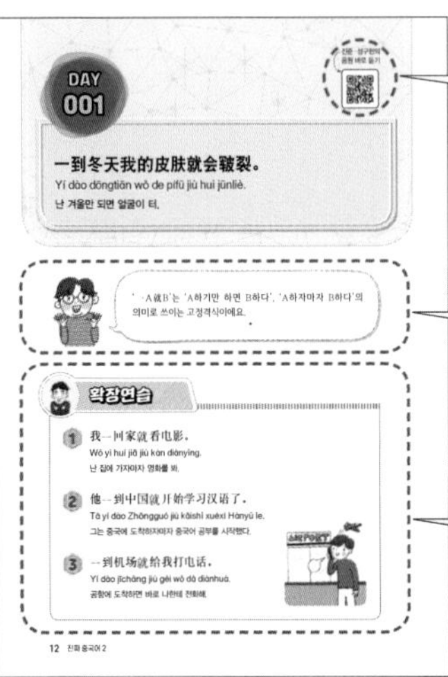

진준 · 성구현의 생생한 보이스!

진준 · 성구현이 직접 녹음한 MP3 파일입니다. 큰소리로 여러 번 따라 읽으면서 원어민의 어감까지 익혀 보세요.

오늘의 핵심 패턴!

중국어에서 자주 쓰이는 패턴들만 골라서 성구현 선생님이 가장 이해하기 쉽게 설명해 놓았어요.

핵심 패턴은 이렇게 정복한다!

일상생활에서 가장 자주 쓰이는 문장들로 핵심 패턴을 연습할 수 있도록 구성했습니다. 이 문장들만큼은 꼭 외우셔야 해요!

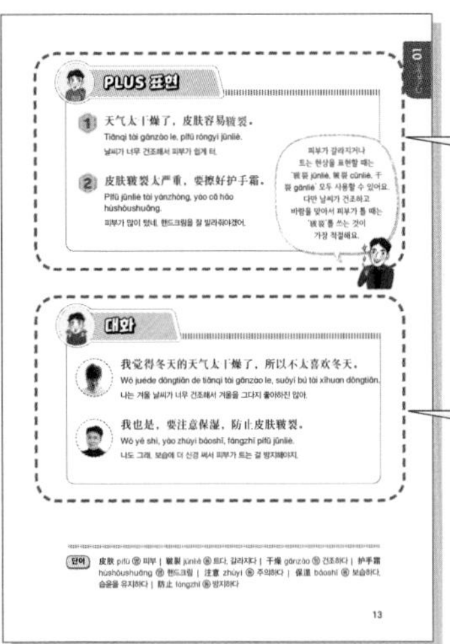

이게 바로 진짜 중국어!

진짜 중국어 2의 플러스 표현에는 관용어, 속담 등 실제 중국 사람들이 쓰는 재미있는 표현들만 모아서 재미있는 예문으로 구성했어요. 진준 선생님의 설명을 보시면 쉽게 이해하실 거예요.

진짜 중국어는 이렇게 써먹자!

플러스 표현에서 배운 재미있는 표현들이 들어간 대화문이에요. 진준 · 성구현의 리얼한 상황극과 함께 어떻게 활용되는지 배워보세요.

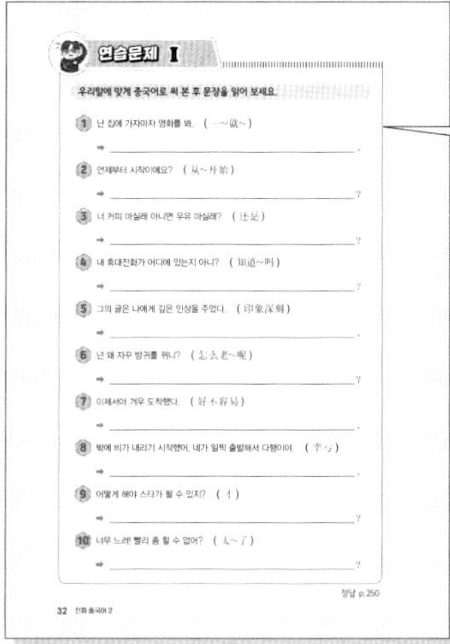

연습문제 Ⅰ

우리말에 맞게 중국어로 써 본 후 문장을 읽어 보세요.

1. 난 집에 가자마자 영화를 봐. （一~就~）
   ➡ ______________________.
2. 언제부터 시작이에요? （从~开始）
   ➡ ______________________?
3. 너 커피 마실래 아니면 우유 마실래? （还是）
   ➡ ______________________?
4. 내 휴대전화가 어디에 있는지 아니? （知道~吗）
   ➡ ______________________?
5. 그의 글은 나에게 깊은 인상을 주었다. （印象深刻）
   ➡ ______________________.
6. 넌 왜 자꾸 방귀를 뀌니? （怎么老~呢）
   ➡ ______________________?
7. 이제서야 겨우 도착했다. （好不容易）
   ➡ ______________________.
8. 밖에 비가 내리기 시작했어, 네가 일찍 출발해서 다행이야. （幸亏）
   ➡ ______________________.
9. 어떻게 해야 스타가 될 수 있지? （才）
   ➡ ______________________?
10. 너무 느려! 빨리 좀 할 수 없어? （太~了）
    ➡ ______________________?

정답 p.250

32 진짜 중국어 2

스스로 실력 점검!

10과 단위로 제공되는 연습문제를 풀어보면서 자신의 실력을 점검하세요.

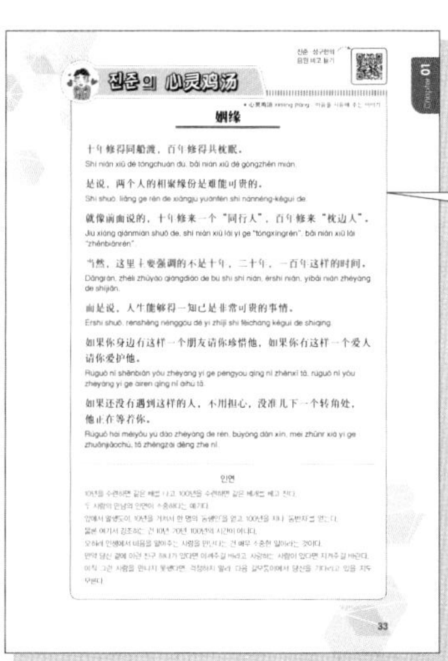

진준의 心灵鸡汤

姻缘

十年修得同船渡，百年修得共枕眠。
Shí nián xiū dé tóngchuán dù, bǎi nián xiū dé gòngzhěn mián.

是说，两个人的相聚缘份是难能可贵的。
Shì shuō, liǎng ge rén de xiāngjù yuánfèn shì nánnéng-kěguì de.

就像前面说的，十年修来一个"同行人"，百年修来"枕边人"。
Jiù xiàng qiánmiàn shuō de, shí nián xiū lái yí ge "tóngxíngrén", bǎi nián xiū lái "zhěnbiānrén".

当然，这里主要强调的不是十年，二十年，一百年这样的时间。
Dāngrán, zhèli zhǔyào qiángdiào de bú shì shí nián, èrshí nián, yìbǎi nián zhèyàng de shíjiān.

而是说，人生能够得一知己是非常可贵的事情。
Érshì shuō, rénshēng nénggòu dé yì zhījǐ shì fēicháng kěguì de shìqing.

如果你身边有这样一个朋友请你珍惜他，如果你有这样一个爱人请你爱护他。
Rúguǒ nǐ shēnbiān yǒu zhèyàng yí ge péngyou qǐng nǐ zhēnxī tā, rúguǒ nǐ yǒu zhèyàng yí ge àiren qǐng nǐ àihù tā.

如果还没有遇到这样的人，不用担心，没准儿下一个转角处，他正在等着你。
Rúguǒ hái méiyǒu yù dào zhèyàng de rén, búyòng dān xīn, méi zhǔnr xià yí ge zhuǎnjiǎochù, tā zhèngzài děng zhe nǐ.

인연

33

진준의 마음을 치유해주는 이야기!

우리의 마음이 따뜻해지는 이야기를 중국어로 풀어보았어요. 중국어 학습에도 도움이 되지만 우리가 살아가는 데 필요한 지혜도 얻을 수 있답니다.

진짜 중국어로 중국어 마스터하는 방법

STEP 1 진준 · 성구현의 음성 녹음을 들으면서 중국어 문장을 큰 소리로 따라 읽어요.

STEP 2 진준 · 성구현의 음성 강의를 들으면서 핵심 내용을 이해하세요.

STEP 3 10과 단위로 제시되는 연습문제를 통해 자신의 실력을 점검하세요.

STEP 4 진준의 心灵鸡汤을 따라 읽으면서 고급 중국어 표현도 배워보세요.

목차 1

목차 2

진짜
중국어

Chapter 01

진준·성구현의 음원 바로 듣기

DAY 001

一到冬天我的皮肤就会皲裂。

Yí dào dōngtiān wǒ de pífū jiù huì jūnliè.

난 겨울만 되면 얼굴이 터.

'一A就B'는 'A하기만 하면 B하다', 'A하자마자 B하다'의 의미로 쓰이는 고정격식이에요.

확장연습

1 我一回家就看电影。

Wǒ yì huí jiā jiù kàn diànyǐng.

난 집에 가자마자 영화를 봐.

2 他一到中国就开始学习汉语了。

Tā yí dào Zhōngguó jiù kāishǐ xuéxí Hànyǔ le.

그는 중국에 도착하자마자 중국어 공부를 시작했다.

3 一到机场就给我打电话。

Yí dào jīchǎng jiù gěi wǒ dǎ diànhuà.

공항에 도착하면 바로 나한테 전화해.

PLUS 표현

1 天气太干燥了，皮肤容易皲裂。

Tiānqì tài gānzào le, pífū róngyì jūnliè.

날씨가 너무 건조해서 피부가 쉽게 터.

2 皮肤皲裂太严重，要擦好护手霜。

Pífū jūnliè tài yánzhòng, yào cā hǎo hùshǒushuāng.

피부가 많이 텄네. 핸드크림을 잘 발라줘야겠어.

피부가 갈라지거나 트는 현상을 표현할 때는 '皲裂 jūnliè, 皴裂 cūnliè, 干裂 gānliè' 모두 사용할 수 있어요. 다만 날씨가 건조하고 바람을 맞아서 피부가 틀 때는 '皲裂'를 쓰는 것이 가장 적절해요.

대화

我觉得冬天的天气太干燥了，所以不太喜欢冬天。

Wǒ juéde dōngtiān de tiānqì tài gānzào le, suǒyǐ bú tài xǐhuan dōngtiān.

나는 겨울 날씨가 너무 건조해서 겨울을 그다지 좋아하진 않아.

我也是，要注意保湿，防止皮肤皲裂。

Wǒ yě shì, yào zhùyì bǎoshī, fángzhǐ pífū jūnliè.

나도 그래. 보습에 더 신경 써서 피부가 트는 걸 방지해야지.

단어 皮肤 pífū ⓜ 피부 | 皲裂 jūnliè ⓢ 트다, 갈라지다 | 干燥 gānzào ⓗ 건조하다 | 护手霜 hùshǒushuāng ⓜ 핸드크림 | 注意 zhùyì ⓢ 주의하다 | 保湿 bǎoshī ⓢ 보습하다, 습윤을 유지하다 | 防止 fángzhǐ ⓢ 방지하다

DAY 002

진준 · 성구현의
음원 바로 듣기

别拦我，从明天开始我要减肥。

Bié lán wǒ, cóng míngtiān kāishǐ wǒ yào jiǎn féi.

나 말리지 마, 내일부터 다이어트할 거야.

'从A开始B'는 'A부터 B를 시작하다'의 의미로 쓰이는 고정격식이에요.

확장연습

1 从什么时候开始?

Cóng shénme shíhou kāishǐ?

언제부터 시작이에요?

2 从你开始说吧。

Cóng nǐ kāishǐ shuō ba.

너부터 말해봐.

3 从十点开始。

Cóng shí diǎn kāishǐ.

10시부터 시작한다.

PLUS 표현

1 别拦我，我要去告诉老师。

Bié lán wǒ, wǒ yào qù gàosu lǎoshī.

나 막지마, 선생님께 말씀드릴 거야.

2 谁也别拦我，今天我要把这件事情做完。

Shéi yě bié lán wǒ, jīntiān wǒ yào bǎ zhè jiàn shìqing zuò wán.

아무도 나 건들지 마. 오늘 이 일 다 마칠 거야.

'拦'은 원래 '막다, 저지하다'의 의미예요. 보통 앞에 '别'나 '不要'가 함께 쓰여 '막지 마, 말리지 마, 건들지 마'의 뜻인 관용어로 많이 사용돼요.

대화

你不要生气，他只是个孩子。生气对身体不好。

Nǐ búyào shēng qì, tā zhǐ shì ge háizi. Shēng qì duì shēntǐ bù hǎo.

화내지 마, 그는 아이일 뿐이야. 화내면 건강에 해로워.

你别拦我，今天我要找他说清楚这件事情。

Nǐ bié lán wǒ, jīntiān wǒ yào zhǎo tā shuō qīngchu zhè jiàn shìqing.

나 막지 마, 오늘은 걔한테 이 일에 대해 반드시 얘기하고 넘어갈 거야.

단어 拦 lán ⓢ 막다, 저지하다 | 减肥 jiǎn féi ⓢ 다이어트하다

DAY 003

胡子留还是不留呢？我拿不定主意。

Húzi liú háishi bù liú ne? Wǒ ná bu dìng zhǔyi.

수염을 기를까 아니면 밀까? 나 결정을 못 하겠다.

'A还是B'는 'A 아니면 B'의 의미로 선택의문문을 나타내는 고정격식이에요. 이때 대답은 둘 중 하나를 골라서 해야 하고, '还是'의 '是'이 경성으로 바뀌는 것에 주의해야 해요.

확장연습

1. 你是中国人还是韩国人？
   Nǐ shì Zhōngguórén háishi Hánguórén?
   너 중국인이야 한국인이야?

2. 你去北京还是(去)上海？
   Nǐ qù Běijīng háishi (qù) Shànghǎi?
   너 베이징 가 아니면 상하이 가?

3. 你要喝咖啡还是(喝)牛奶？
   Nǐ yào hē kāfēi háishi (hē) niúnǎi?
   너 커피 마실래 아니면 우유 마실래?

PLUS 표현

1 你帮我想想吧，我自己拿不定主意。

Nǐ bāng wǒ xiǎngxiang ba, wǒ zìjǐ ná bu dìng zhǔyi.

나를 도와서 좀 생각해봐. 혼자서는 결정 못하겠어.

2 你要是拿不定主意，就去问问老师。

Nǐ yàoshi ná bu dìng zhǔyi, jiù qù wènwen lǎoshī.

너 만약에 결정 못 하겠으면 선생님께 여쭤봐.

'拿定主意'는 '결정하다'라는 표현이고, '拿不定主意'는 그와 반대로 고민이나 생각이 너무 많아서 '쉽게 결정을 못 한다'라는 뜻이에요. 따라서 너무 많은 생각과 고민 때문에 우유부단하게 결정을 못 하는 상황에 많이 쓰여요.

대화

你站在镜子前都快一个小时了，到底在想什么呢？

Nǐ zhàn zài jìngzi qián dōu kuài yí ge xiǎoshí le, dàodǐ zài xiǎng shénme ne?

거울 앞에서 벌써 한 시간째야. 도대체 무슨 생각을 하는 거니?

我想剪头发，剪短发还是长发，拿不定主意。

Wǒ xiǎng jiǎn tóufa, jiǎn duǎnfà háishi chángfà, ná bu dìng zhǔyi.

머리 자를 생각하고 있었어. 단발로 자를 지, 긴 머리로 자를 지 결정을 못하겠어.

단어 胡子 húzi 명 수염 | 留 liú 동 남기다 | 还是 háishi 접 또는 | 拿不定主意 ná bu dìng zhǔyi 결정을 못 하다 | 镜子 jìngzi 명 거울 | 到底 dàodǐ 부 도대체 | 剪 jiǎn 동 자르다 | 短发 duǎnfà 명 단발머리 | 长发 chángfà 명 긴 머리

DAY 004

진준 · 성구현의 음원 바로 듣기

你知道我喜欢什么类型吗?

Nǐ zhīdao wǒ xǐhuan shénme lèixíng ma?

넌 내가 어떤 스타일의 사람을 좋아하는지 알아?

'知道~吗' 구문은 '知道'와 '吗' 사이에 일반 명사도 올 수 있지만, 위의 예문처럼 문장도 올 수 있어요.

확장연습

1 你知道我喜欢你吗?

Nǐ zhīdao wǒ xǐhuan nǐ ma?

너 내가 너 좋아하는 거 알아?

2 你知道他为什么不吃饭吗?

Nǐ zhīdao tā wèi shénme bù chī fàn ma?

너 그가 왜 밥을 안 먹는 줄 알아?

3 你知道我的手机在哪儿吗?

Nǐ zhīdao wǒ de shǒujī zài nǎr ma?

내 휴대전화가 어디에 있는지 아니?

PLUS 표현

1 你喜欢什么类型的电影?

Nǐ xǐhuan shénme lèixíng de diànyǐng?

너는 어떤 종류의 영화를 좋아해?

2 什么类型最适合你?

Shénme lèixíng zuì shìhé nǐ?

어떤 스타일이 너랑 가장 잘 맞아?

'喜欢什么类型'은 보통 어떤 스타일의 사람을 좋아하는지 물을 때 쓰는 표현인데, 뒤에 명사를 넣어 구체적으로 무엇을 좋아하는지 물을 수도 있어요.

대화

你喜欢什么类型的女孩子？我帮你看看我身边有没有。

Nǐ xǐhuan shénme lèixíng de nǚháizi? Wǒ bāng nǐ kànkan wǒ shēnbiān yǒu méiyǒu.

너는 어떤 스타일의 여자를 좋아해? 내가 주변에 있나 좀 보게.

我喜欢个子高高的，运动型的女孩子。

Wǒ xǐhuan gèzi gāo gāo de, yùndòngxíng de nǚháizi.

나는 키가 크고 운동 잘하는 여자가 좋아.

단어 类型 lèixíng 명 유형 | 适合 shìhé 동 적합하다

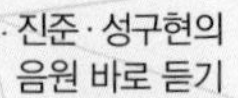

DAY 005

他的笑容让我印象深刻。

Tā de xiàoróng ràng wǒ yìnxiàng shēnkè.

그의 웃는 모습은 내게 깊은 인상을 줬어.

'印象深刻'는 '인상 깊다'는 뜻의 관용구예요. 보통은 앞에 동사 '留'를 써서 술목구조로 '留下了深刻的印象' 즉 '깊은 인상을 남겼다'의 형식으로 잘 활용돼요.

확장연습

1. 他的歌让我印象深刻。
   Tā de gē ràng wǒ yìnxiàng shēnkè.
   그의 노래는 나에게 깊은 인상을 주었다.

2. 他的话让大家印象深刻。
   Tā de huà ràng dàjiā yìnxiàng shēnkè.
   그의 말은 모두에게 깊은 인상을 주었다.

3. 他的文章让我印象深刻。
   Tā de wénzhāng ràng wǒ yìnxiàng shēnkè.
   그의 글은 나에게 깊은 인상을 주었다.

PLUS 표현

1 我无法忘记当年的事情。
Wǒ wúfǎ wàngjì dāngnián de shìqing.
저는 그해 일을 잊을 수가 없어요.

2 你一旦吃过，就会无法忘记的。
Nǐ yídàn chī guo, jiù huì wúfǎ wàngjì de.
너 막상 먹어보면 정말 잊지 못할 걸.

'一旦+동사+过，就会无法忘记的' 라는 표현은 그대로 기억해 두시면 좋아요. 어떤 일을 한번 겪으면 더 이상 잊을 수 없을 정도로 강력한 인상을 심어 주게 될 거라고 강조할 때 많이 쓰는 표현이에요.

대화

他笑得非常灿烂，那个模样让我印象深刻，无法忘记。
Tā xiào de fēicháng cànlàn, nàge múyàng ràng wǒ yìnxiàng shēnkè, wúfǎ wàngjì.
그는 웃는 게 너무 눈부셔, 그 모습이 정말 인상 깊어서 잊을 수가 없네.

没错，他是一个非常爱笑的男孩子。
Méi cuò, tā shì yí ge fēicháng ài xiào de nánháizi.
맞아, 그는 정말 잘 웃는 남자야.

단어 笑容 xiàoróng 명 웃는 모습 | 印象 yìnxiàng 명 인상 | 深刻 shēnkè 형 깊다 | 文章 wénzhāng 명 글 | 无法 wúfǎ 동 ~할 방법이 없다 | 忘记 wàngjì 동 잊다 | 一旦 yídàn 부 일단 | 灿烂 cànlàn 형 눈부시다, 찬란하게 빛나다 | 模样 múyàng 명 모습, 모양

진준 · 성구현의 음원 바로 듣기

DAY 006

这都几点了? 你怎么老迟到呢?

Zhè dōu jǐ diǎn le? Nǐ zěnme lǎo chídào ne?

몇 시야 대체! 너 어째서 늘 지각이니?

'怎么'는 원래 '어떻게'라는 뜻이지만 여기서는 상대방을 책망하는 어감으로 '어째서, 왜'의 뜻으로 쓰였어요. '老' 또는 '老是'는 '늘, 언제나'의 뜻인 부사로 자주 쓰여요. 즉 '어째서 늘 ~하니?'라고 표현하고자 할 때는 '怎么老~呢'의 구문을 사용하면 돼요.

확장연습

1. 你怎么老骗我呢?
   Nǐ zěnme lǎo piàn wǒ ne?
   넌 어째서 늘 날 속이니?

2. 他怎么老是高高兴兴呢?
   Tā zěnme lǎoshi gāo gao xìng xìng ne?
   쟤는 어째서 늘 기분이 좋지?

3. 你怎么老放屁呢!
   Nǐ zěnme lǎo fàng pì ne!
   넌 왜 자꾸 방귀를 뀌니?

PLUS 표현

1 这都几点了？快点儿去睡觉。

Zhè dōu jǐ diǎn le? Kuài diǎnr qù shuì jiào.

벌써 몇 시니? 빨리 가서 자.

2 你怎么现在才来？这都几点了？

Nǐ zěnme xiànzài cái lái? Zhè dōu jǐ diǎn le?

너 왜 이제서야 오니? 벌써 몇 시야?

'都'는 원래 '모두'라는 뜻이지만 시간을 나타내는 표현 앞에 쓰이면 '벌써, 이미'의 뜻을 나타내요.

대화

喂，你好？我还没准备好，你再等我一下。

Wéi, nǐ hǎo? Wǒ hái méi zhǔnbèi hǎo, nǐ zài děng wǒ yíxià.

여보세요? 나 아직 준비 안 했어. 조금만 더 기다려줘.

这都几点了？怎么还没有出发？急死我了！

Zhè dōu jǐ diǎn le? Zěnme hái méiyǒu chūfā? Jí sǐ wǒ le!

지금 벌써 몇 시니? 왜 아직 출발 안 한 거야? 급해 죽겠네!

단어 老 lǎo ㊓ 늘, 항상 | 迟到 chídào ㊍ 지각하다 | 骗 piàn ㊍ 속이다 | 放屁 fàng pì ㊍ 방귀를 뀌다

진준 · 성구현의 음원 바로 듣기

DAY 007

没想到这次太难了，好不容易才完成任务。

Méi xiǎng dào zhè cì tài nán le, hǎobùróngyì cái wánchéng rènwu.

예상외로 이번에 너무 어려웠어. 가까스로 업무를 완성했어.

'好不容易'는 '가까스로, 겨우'의 뜻을 나타내는 관용어로 주로 뒤에 '才'와 함께 쓰여요. 여기서 '才'는 생략 가능해요.

확장연습

1. 好不容易才休息几天。
   Hǎobùróngyì cái xiūxi jǐ tiān.
   이제 겨우 며칠 쉰다.

2. 好不容易才到。
   Hǎobùróngyì cái dào.
   이제서야 겨우 도착했다.

3. 好不容易和他分手了。
   Hǎobùróngyì hé tā fēn shǒu le.
   가까스로 그와 헤어졌다.

PLUS 표현

1 没想到他们两个人在一起了。
Méi xiǎng dào tāmen liǎng ge rén zài yìqǐ le.
그 둘이 사귈 줄은 생각도 못 했어.

2 他们俩在一起十年了，终于结婚了。
Tāmen liǎ zài yìqǐ shí nián le, zhōngyú jié hūn le.
그 둘은 사귄 지 10년 되었는데, 드디어 결혼하네.

'在一起'라는 표현은 단순히 '함께 한다'라는 뜻도 있지만, 두 사람이 '교제하다' 또는 '결혼을 하다'는 표현으로 사용할 수 있어요. 때문에 '在一起了'라고 하면 이미 사귀거나 결혼했다는 표현이 돼요.

대화

你知道吗？他们两个人好不容易才结婚。
Nǐ zhīdao ma? Tāmen liǎng ge rén hǎobùróngyì cái jié hūn.
너 알아? 걔네 정말 힘들게 결혼했어.

真的吗？没想到两个人终于在一起了。
Zhēn de ma? Méi xiǎng dào liǎng ge rén zhōngyú zài yìqǐ le.
정말? 드디어 결혼하게 될 줄은 몰랐네.

단어 好不容易 hǎobùróngyì ㊥ 가까스로, 간신히 | 完成 wánchéng ⓢ 완성하다 | 任务 rènwu ⓜ 임무 | 分手 fēn shǒu ⓢ 헤어지다

DAY 008

幸亏有你，这次我才能升职，我不能没有你。

Xìngkuī yǒu nǐ, zhè cì wǒ cái néng shēng zhí, wǒ bù néng méiyǒu nǐ.

당신 덕분에 제가 승진할 수 있었어요, 당신이 없으면 안 돼요.

'幸亏'라는 부사는 '~해서 너무 다행이다'라는 표현으로 쓰여요. 이미 일어난 일에 대해서 표현해주고, 만약 이런 일이 일어나지 않았다면 그 결과는 너무 무섭거나 상상하고 싶지도 않다는 의미까지 포함되어 있어요.

확장연습

1 今天幸亏有朋友帮忙。

Jīntiān xìngkuī yǒu péngyou bāng máng.

오늘 다행히 친구가 도와줬어.

2 外面开始下雨了，你幸亏走得早。

Wàimiàn kāishǐ xià yǔ le, nǐ xìngkuī zǒu de zǎo.

밖에 비가 내리기 시작했어, 네가 일찍 출발해서 다행이야.

3 怎么样？幸亏没有受伤。

Zěnmeyàng? Xìngkuī méiyǒu shòu shāng.

어때? 다행히 다치진 않았구나.

PLUS 표현

1 我们公司有今日的成绩，不能没有你。

Wǒmen gōngsī yǒu jīnrì de chéngjì, bù néng méiyǒu nǐ.

우리 회사의 오늘의 성과는 당신이 없었으면 안 되었을 거예요.

2 我可以没有钱，但是不能没有你。

Wǒ kěyǐ méiyǒu qián, dànshì bù néng méiyǒu nǐ.

난 돈은 없어도 되지만, 당신은 없으면 안 돼.

중국어에서 아주 중요함을 강조할 때 직접적으로 '重要'라고 하기도 하지만, '不能没有~'라고 표현해 주는 게 훨씬 좋아요. 없어서는 안 될 소중한 존재임을 강조하는 좋은 표현이랍니다.

대화

看你这次的成绩，我真替你高兴，总算是苦尽甘来。

Kàn nǐ zhè cì de chéngjì, wǒ zhēn tì nǐ gāoxìng, zǒngsuàn shì kǔ jìn gān lái.

이번 성적을 보니 내가 다 기쁘네. 정말 고생 끝에 낙이 왔어.

这都是因为你帮了我，所以我不能没有你。

Zhè dōu shì yīnwèi nǐ bāng le wǒ, suǒyǐ wǒ bù néng méiyǒu nǐ.

이게 전부 네가 날 도와준 덕분이야, 난 네가 없으면 안 돼.

단어 幸亏 xìngkuī ㊖ 다행히, 운 좋게, 요행으로 | 升职 shēng zhí ㊍ 승진하다 | 受伤 shòu shāng ㊍ 다치다 | 苦尽甘来 kǔ jìn gān lái ㊙ 고진감래, 고생 끝에 낙이 온다

DAY 009

什么时候才能结束？现在来不及了。

Shénme shíhou cái néng jiéshù? Xiànzài láibují le.

언제까지 마무리할 수 있어? 시간이 없어.

'才'는 '비로소'의 뜻으로 뒤에 '能'이랑 같이 쓰이면 '비로소 ~할 수 있다'의 의미로 쓰여요.

확장연습

1. 只有你，才能解决问题。
   Zhǐyǒu nǐ, cái néng jiějué wèntí.
   너만이 문제를 해결할 수 있어.

2. 怎么做才能学好汉语？
   Zěnme zuò cái néng xué hǎo Hànyǔ?
   어떻게 해야 중국어를 잘 배울 수 있을까?

3. 怎样才能成为明星？
   Zěnyàng cái néng chéngwéi míngxīng?
   어떻게 해야 스타가 될 수 있지?

PLUS 표현

1 大家都已经到了，现在取消来不及了。

Dàjiā dōu yǐjīng dào le, xiànzài qǔxiāo láibují le.

모두 이미 도착했어. 지금 취소하긴 늦었어.

2 平时不学习，等到考试的时候才用功就来不及了。

Píngshí bù xuéxí, děngdào kǎoshì de shíhou cái yònggōng jiù láibují le.

평소에 공부하지 않다가 시험 볼 때 돼서야 열심히 해봤자 늦었어.

'来不及'는 '~에 미치지 못하다, 시간에 댈 수 없다, 시간에 늦었다'는 뜻이에요. 반대로 '시간에 맞출 수 있다, 늦지 않았다'는 '来得及'로 표현해요. 가능보어의 긍정과 부정 표현임을 기억하세요.

대화

发生什么事儿了，怎么这么着急?

Fāshēng shénme shìr le, zěnme zhème zháo jí?

무슨 일이 생긴 거야? 왜 이렇게 서둘러?

今天要参加面试，但是我起晚了，恐怕来不及了。

Jīntiān yào cānjiā miànshì, dànshì wǒ qǐ wǎn le, kǒngpà láibují le.

오늘 면접 가야 하는데, 늦게 일어났어. 아마 늦을 거야.

'恐怕'는 '아마도'라는 사전적인 의미 외에도 예상하지 못한 불상사가 발생할 것 같아 걱정되고 두려운 상황에서 사용돼요.

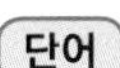

단어 来不及 láibují 동 시간에 맞출 수 없다 | 只有 zhǐyǒu 접 오직 ~이다, ~해야만 | 解决 jiějué 동 해결하다 | 明星 míngxīng 명 스타 | 取消 qǔxiāo 동 취소하다 | 平时 píngshí 명 평소, 보통 때 | 面试 miànshì 명 면접

DAY 010

时间太紧了，能不能再通融一下?

Shjiān tài jǐn le, néng bu néng zài tōngróng yíxià?

시간이 너무 촉박해요! 좀 봐주실 수 있어요?

'太~了'는 '너무 ~하다'의 의미인데, 대부분은 안 좋은 상황에서 자주 쓰여요.

확장연습

1 太贵了，便宜点儿吧。

Tài guì le, piányi diǎnr ba.

너무 비싸요, 싸게 해주세요.

2 汉语太难了!

Hànyǔ tài nán le!

중국어 너무 어려워!

3 太慢了! 快点好吗?

Tài màn le! Kuài diǎn hǎo ma?

너무 느려! 빨리 좀 할 수 없어?

PLUS 표현

1 我们也是实在没有办法，请您通融一下。

Wǒmen yě shì shízài méiyǒu bànfǎ, qǐng nín tōngróng yíxià.

우리도 진짜 방법이 없어요, 좀 봐주세요.

2 你让他通融一下，这绝对不可能。

Nǐ ràng tā tōngróng yíxià, zhè juéduì bù kěnéng.

그에게 좀 봐달라고 해주세요. 이건 절대 불가능해요.

고의성이 없는 실수 또는 예상치 못한 곤란한 상황에서 '한 번만 봐주세요' 라고 표현하고 싶을 때 '通融一下'를 많이 써요.

대화

我一大早就出发了，但是路上发生意外，来晚了，希望您通融一下。

Wǒ yí dà zǎo jiù chūfā le, dànshì lùshang fāshēng yìwài, lái wǎn le, xīwàng nín tōngróng yíxià.

아침 일찍 출발했는데, 길에서 예상치 못한 일이 생겨서 늦었어요. 좀 봐주세요.

好吧，看你是第一次，这次就放你一马。

Hǎo ba, kàn nǐ shì dì-yī cì, zhè cì jiù fàng nǐ yì mǎ.

좋아요, 처음이니까 한 번 눈 감아 줄게요.

'放你一马'는 '한 번 봐주다'라는 뜻이에요. 누군가의 실수를 한 번 눈 감아 줄 때 쓸 수 있는 표현이죠.

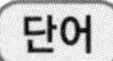

단어 通融 tōngróng ⓢ 융통하다, 변통하다 | 实在 shízài ⓑ 확실히 | 绝对 juéduì ⓑ 절대로 | 意外 yìwài ⓜ 뜻밖의 사고 | 放你一马 fàng nǐ yì mǎ 한 번 봐주다

우리말에 맞게 중국어로 써 본 후 문장을 읽어 보세요.

1 난 집에 가자마자 영화를 봐. (一~就~)

➡ ____。

2 언제부터 시작이에요? (从~开始)

➡ ____?

3 너 커피 마실래 아니면 우유 마실래? (还是)

➡ ____?

4 내 휴대전화가 어디에 있는지 아니? (知道~吗)

➡ ____?

5 그의 글은 나에게 깊은 인상을 주었다. (印象深刻)

➡ ____。

6 넌 왜 자꾸 방귀를 뀌니? (怎么老~呢)

➡ ____?

7 이제서야 겨우 도착했다. (好不容易)

➡ ____。

8 밖에 비가 내리기 시작했어, 네가 일찍 출발해서 다행이야. (幸亏)

➡ ____。

9 어떻게 해야 스타가 될 수 있지? (才)

➡ ____?

10 너무 느려! 빨리 좀 할 수 없어? (太~了)

➡ ____?

정답 p.250

진준·성구현의 음원 바로 듣기

진준의 心灵鸡汤

＊心灵鸡汤 xīnlíng jītāng : 마음을 치유해 주는 이야기

姻缘

十年修得同船渡，百年修得共枕眠。

Shí nián xiū dé tóngchuán dù, bǎi nián xiū dé gòngzhěn mián.

是说，两个人的相聚缘份是难能可贵的。

Shì shuō, liǎng ge rén de xiāngjù yuánfèn shì nánnéng-kěguì de.

就像前面说的，十年修来一个“同行人”，百年修来“枕边人”。

Jiù xiàng qiánmiàn shuō de, shí nián xiū lái yí ge “tóngxíngrén”, bǎi nián xiū lái “zhěnbiānrén”.

当然，这里主要强调的不是十年，二十年，一百年这样的时间。

Dāngrán, zhèli zhǔyào qiángdiào de bú shì shí nián, èrshí nián, yìbǎi nián zhèyàng de shíjiān.

而是说，人生能够得一知己是非常可贵的事情。

Érshì shuō, rénshēng nénggòu dé yì zhījǐ shì fēicháng kěguì de shìqing.

如果你身边有这样一个朋友请你珍惜他，如果你有这样一个爱人请你爱护他。

Rúguǒ nǐ shēnbiān yǒu zhèyàng yí ge péngyou qǐng nǐ zhēnxī tā, rúguǒ nǐ yǒu zhèyàng yí ge àiren qǐng nǐ àihù tā.

如果还没有遇到这样的人，不用担心，没准儿下一个转角处，他正在等着你。

Rúguǒ hái méiyǒu yù dào zhèyàng de rén, búyòng dān xīn, méi zhǔnr xià yí ge zhuǎnjiǎochù, tā zhèngzài děng zhe nǐ.

인연

10년을 수련하면 같은 배를 타고, 100년을 수련하면 같은 베개를 베고 잔다.
두 사람의 만남의 인연이 소중하다는 얘기다.
앞에서 말했듯이, 10년을 거쳐서 한 명의 '동행인'을 얻고, 100년을 지나 '동반자'를 얻는다.
물론 여기서 강조하는 건 10년, 20년, 100년의 시간이 아니다.
오히려 인생에서 마음을 알아주는 사람을 만난다는 건 매우 소중한 일이라는 것이다.
만약 당신 곁에 이런 친구 하나가 있다면 아껴주길 바라고, 사랑하는 사람이 있다면 지켜주길 바란다.
아직 그런 사람을 만나지 못했다면, 걱정하지 말라. 다음 길모퉁이에서 당신을 기다리고 있을 지도 모른다.

진짜
중국어

Chapter 02

DAY 011	两个人不打不相识，最后成为了好朋友。
DAY 012	你有两天没有睡觉了吧？上下眼皮打架了。
DAY 013	你什么事都想知道，管得真宽。
DAY 014	你怎么说话呢？真是没上没下！
DAY 015	你怎么不早说一声？害得我白白误会了。
DAY 016	这么快就要回去了？还有好多话没跟你说呢。
DAY 017	你这都是累出来的，工作再忙也要休息。
DAY 018	冬天到了，干什么事儿都提不起劲儿。
DAY 019	那个上面都是灰，你看好了再坐。
DAY 020	好像是吃坏了肚子，肚子胀得难受。

진준·성구현의 음원 바로 듣기

DAY 011

两个人不打不相识，最后成为了好朋友。

Liǎng ge rén bù dǎ bù xiāngshí, zuìhòu chéngwéi le hǎo péngyou.

두 사람은 싸우다가 정들어, 결국 좋은 친구가 되었어요.

'成为~'는 '~이(가) 되다'라는 뜻으로 뒤에는 보통 신분, 자격, 직업 등의 어휘가 올 수 있어요.

확장연습

1. 我终于成为牙医了。
   Wǒ zhōngyú chéngwéi yáyī le.
   나는 드디어 치과의사가 되었다.

2. 我想成为一个好爸爸。
   Wǒ xiǎng chéngwéi yí ge hǎo bàba.
   난 좋은 아빠가 되고 싶어.

3. 他成为百万富翁了。
   Tā chéngwéi bǎiwàn fùwēng le.
   그는 백만장자가 되었다.

PLUS 표현

1 真是不打不相识，他们俩居然结婚了。

Zhēn shì bù dǎ bù xiāngshí, tāmen liǎ jūrán jié hūn le.

정말 싸우다 정든다더니, 쟤네 둘이 결혼했잖아.

2 朋友之间不打不相识，我们的关系好着呢！

Péngyou zhījiān bù dǎ bù xiāngshí, wǒmen de guānxi hǎo zhe ne!

친구 사이가 싸우면서 정드는 거지, 우리 관계 좋거든!

가까운 사이거나 또는 각별한 사이인 건 분명한데, 두 사람이 자주 싸우거나 언쟁을 벌인다면 주변에서 그만 좀 하라고 말리곤 해요. 이럴 때 중국 사람들이 늘 입버릇처럼 하는 말이 있는데, 바로 '不打不相识'이에요. 싸우면서 정이 든다는 말이 될 수도 있고, 또 친해서 그러는 거라 걱정하지 않아도 된다는 뜻이기도 해요.

대화

你们两个人不要吵架了！

Nǐmen liǎng ge rén búyào chǎo jià le!

너희 둘 싸우지 마!

没事，不用担心，不打不相识嘛！

Méi shì, búyòng dān xīn, bù dǎ bù xiāngshí ma!

괜찮아, 걱정할 거 없어. 친해서 그러는 거야!

단어 不打不相识 bù dǎ bù xiāngshí 싸우지 않으면 서로 이해하지 못한다, 싸우면서 정이 든다 | 成为 chéngwéi ⓢ ~이(가) 되다 | 终于 zhōngyú ⓑ 마침내 | 牙医 yáyī ⓜ 치과의사 | 百万富翁 bǎiwàn fùwēng ⓜ 백만장자 | 居然 jūrán ⓑ 뜻밖에

진준·성구현의 음원 바로 듣기

DAY 012

你有两天没有睡觉了吧？上下眼皮打架了。

Nǐ yǒu liǎng tiān méiyǒu shuì jiào le ba? shàng xià yǎnpí dǎ jià le.

너 이틀 동안 못 잤지? 눈이 감기려고 해.

위 문장에서의 '有'는 '~을 가지고 있다'라는 소유의 뜻보다는 '얼마간의 시간이 있었다'의 의미예요. 즉 위 문장에서는 '이틀의 시간이 있었다' 또는 '이틀 동안'의 의미가 됩니다.

확장연습

1. 有两年没学习了。
   Yǒu liǎng nián méi xuéxí le.
   2년 동안 공부를 안 했어요.

2. 咱们有两三个月都没有联系了。
   Zánmen yǒu liǎng-sān ge yuè dōu méiyǒu liánxì le.
   우리 2~3개월 동안 연락을 안 했어.

3. 我有三个星期没有喝酒了。
   Wǒ yǒu sān ge xīngqī méiyǒu hē jiǔ le.
   나는 3주 동안 술을 안 마셨어.

PLUS 표현

Chapter 02

1 我不行了，眼皮都要打架了。

Wǒ bù xíng le, yǎnpí dōu yào dǎ jià le.

안 되겠어, 눈이 자꾸 감겨.

2 好几天没有好好儿休息了，上下眼皮一直打架。

Hǎojǐ tiān méiyǒu hǎohāor xiūxi le, shàng xià yǎnpí yìzhí dǎ jià.

며칠 동안 잘 쉬지를 못했더니, 계속 눈이 감겨.

'眼皮都要打架了'는 글자 뜻 그대로 눈꺼풀이 서로 싸운다는 뜻이죠. 눈꺼풀이 감기는 모습을 재미있게 묘사한 표현이에요. 주로 너무 졸릴 때 많이 씁니다. '上下眼皮打架(了)'도 같은 표현이에요.

대화

你说，你们公司也真是的！都几天了还加班。你吃个饭，眼皮一直打架。

Nǐ shuō, nǐmen gōngsī yě zhēnshi de! Dōu jǐ tiān le hái jiā bān. Nǐ chī ge fàn, yǎnpí yìzhí dǎ jià.

너희 회사도 참 너무한다! 며칠째 야근이야. 밥 먹을 때도 눈꺼풀이 감기는구나.

没办法，年末了，最近工作量比较大。

Méi bànfǎ, niánmò le, zuìjìn gōngzuò liàng bǐjiào dà.

할 수 없지. 연말이잖아. 요즘 업무량이 많은 편이야.

'工作量'이라는 단어는 사실 바로 눈치챌 수 있는 표현이에요. 하지만 수량이라고 해서 '多(많다)'부터 떠올리는데, 중국어로는 '大'를 써야 더욱 자연스러운 표현이 될 수 있어요.

예 工作量大。(업무량이 많다.)
饭量大。(식사량이 많다.)
学习量大。(학습량이 많다.)

단어 眼皮 yǎnpí 명 눈꺼풀 | 打架 dǎ jià 동 싸우다 | 联系 liánxì 동 연락하다 | 真是 zhēnshi 동 참 너무하다(불만을 나타냄)

DAY 013

你什么事都想知道，管得真宽。

Nǐ shénme shì dōu xiǎng zhīdao, guǎn de zhēn kuān.

너는 뭐든지 다 알고 싶어 하는구나, 오지랖도 참 넓네.

'什么~都~'는 '어떤 것(일)도 ~하다'라는 뜻의 고정격식이에요. '什么'가 꼭 '무슨'이라는 뜻의 의문사로만 사용되지 않는 것에 주의해야 해요.

확장연습

1 什么菜都可以！

Shénme cài dōu kěyǐ!

어떤 음식이어도 괜찮아!

2 什么问题都能解决。

Shénme wèntí dōu néng jiějué.

어떤 문제도 해결 가능해.

3 什么业务都敢接！

Shénme yèwù dōu gǎn jiē!

어떤 업무도 받을 수 있어!

PLUS 표현

1 这是我们家的家事，你管得还真宽啊！

Zhè shì wǒmen jiā de jiāshì, nǐ guǎn de hái zhēn kuān a!

이 일은 우리 집안일이야. 너 정말 별 걸 다 간섭하는구나!

2 你累不累啊？简直是太平洋的警察——管得宽！

Nǐ lèi bu lèi a? Jiǎnzhí shì tàipíngyáng de jǐngchá —— guǎn de kuān!

너 안 피곤하니? 정말 태평양의 경찰 같네!

'管得宽'은 글자 그대로 '참견을 매우 광범위하게 하다'라는 뜻이에요. 그런데 2번 표현에서 '太平洋的警察——管得宽'이라는 표현이 나왔죠? 이는 중국인들이 자주 쓰는 헐후어인데, '태평양을 관리하는 경찰'이라는 뜻이에요. 즉 많은 것들을 참견한다는 재미있는 표현으로 사용돼죠. 헐후어는 보통 앞 부분(太平洋的警察)까지만 사용해도 중국 사람들이 수수께끼를 맞추듯 전부 알아듣고 깔깔 웃는 재치있는 표현이랍니다.

대화

听说他们要离婚了，结婚才一个多月。

Tīngshuō tāmen yào lí hūn le, jié hūn cái yí ge duō yuè.

걔네 이혼한다며? 결혼한 지 겨우 한 달 좀 넘었는데.

你跟他们又不认识，管得还真宽啊！

Nǐ gēn tāmen yòu bú rènshi, guǎn de hái zhēn kuān a!

걔네랑 알지도 못하면서, 별 걸 다 신경 쓰는구나!

부정 표현 앞에 있는 '又'는 뒤에 있는 부정 표현을 강조해 주는 역할로 '또'라고 해석하지 않아요.

예 我又不是孩子。(내가 애도 아닌데.)

단어 管 guǎn 동 관여하다 | 宽 kuān 형 넓다 | 解决 jiějué 동 해결하다 | 业务 yèwù 명 업무, 실무 | 敢 gǎn 조동 ~할 용기가 있다 | 接 jiē 동 받다

진준 · 성구현의
음원 바로 듣기

DAY 014

你怎么说话呢？真是没上没下！

Nǐ zěnme shuō huà ne? Zhēn shì méi shàng méi xià!

너 무슨 말을 그렇게 해? 정말 위아래가 없구나!

'怎么~呢'는 '어떻게 그럴 수 있어', '왜 그래?'의 뜻으로 핀잔, 책망 등의 어감을 나타내요.

확장연습

1 他怎么不接电话呢？
Tā zěnme bù jiē diànhuà ne?
그는 왜 전화를 안 받아?

2 你怎么不说话呢？
Nǐ zěnme bù shuō huà ne?
너 왜 말 안해? (할 말 있으면 해)

3 你怎么老骗人呢？
Nǐ zěnme lǎo piàn rén ne?
너 왜 맨날 사람을 속여?

PLUS 표현

1 怎么跟长辈说话呢！真是没上没下。

Zěnme gēn zhǎngbèi shuō huà ne! Zhēn shì méi shàng méi xià.

어른한테 어떻게 말하는 거야! 정말 위아래가 없네.

2 这孩子被宠坏了，说话没上没下。

Zhè háizi bèi chǒng huài le, shuō huà méi shàng méi xià.

이 애는 오냐오냐 키웠더니 버릇이 하나도 없네, 말하는 게 위아래가 없어.

'没上没下'는 '위아래가 없다'는 뜻의 성어이고, 2번 문장의 '宠'은 '宠爱'라는 뜻으로 '애지중지 키우다'라는 뜻이에요.

대화

开玩笑也要适可而止，不要没上没下。

Kāi wánxiào yě yào shì kě ér zhǐ, búyào méi shàng méi xià.

농담도 적당히 해야지. 버릇없이 굴면 안 돼.

不好意思，我失礼了，下次不会了！

Bù hǎoyìsi, wǒ shīlǐ le, xià cì bú huì le!

죄송해요, 실례했어요. 다음부터는 안 그러겠습니다!

단어 没上没下 méi shàng méi xià ⓢ 위아래가 없다, 버릇이 없다 | 骗 piàn ⓓ 속이다, 기만하다 | 长辈 zhǎngbèi ⓜ 손윗사람, 연장자, 선배 | 宠 chǒng ⓓ 총애하다, 편애하다 | 适可而止 shì kě ér zhǐ ⓢ 적당한 정도에서 그치다 | 失礼 shīlǐ ⓓ 실례하다, 예의에서 벗어나다

진준 · 성구현의 음원 바로 듣기

DAY 015

你怎么不早说一声？害得我白白误会了。

Nǐ zěnme bù zǎo shuō yì shēng? Hài de wǒ báibái wùhuì le.

어째서 진작에 말 안 했니? 괜히 오해했잖아.

'害得' 뒤에는 주로 좋지 않은 상태나 결과가 쓰여요. 누군가의 행동이나 말로 인해 피해를 받았을 때로, '~해 버리다'의 어감이 있어요.

확장연습

1. 外面太吵了，害得我睡不着觉。
   Wàimiàn tài chǎo le, hài de wǒ shuì bu zháo jiào.
   밖이 너무 시끄러워서 내가 잠을 못 자겠어.

2. 她说得太快，害得我没法解释。
   Tā shuō de tài kuài, hài de wǒ méifǎ jiěshì.
   그녀는 너무 빨리 말해서, 내가 무슨 해명을 할 수가 없었어.

3. 你没有按时完成，害得我们一事无成！
   Nǐ méiyǒu ànshí wánchéng, hài de wǒmen yí shì wú chéng!
   네가 제시간에 마무리하지 않아서, 우리가 어느 하나도 제대로 해내지 못하게 됐어!

PLUS 표현

1 你怎么不早说一声？报名已经结束了。

Nǐ zěnme bù zǎo shuō yì shēng? Bào míng yǐjīng jiéshù le.

왜 진작 말하지 않았어? 등록 이미 끝났어.

2 早说一声的话，就不会发生这样的事了。

Zǎo shuō yì shēng de huà, jiù bú huì fāshēng zhèyàng de shì le.

일찍 말했더라면, 이런 일이 일어나지 않았을 텐데.

'怎么不早说一声?'은 '왜 진작 말하지 않았어?'의 의미로 뒤에는 주로 질책이나 비난하는 의미의 표현이 와요.

대화

这都什么时候了，现在才告诉我。怎么不早说一声？

Zhè dōu shénme shíhou le, xiànzài cái gàosu wǒ. Zěnme bù zǎo shuō yì shēng?

이게 언제 일인데, 이제 나한테 알려주는 거야. 왜 진작 말하지 않았어?

当时你正在气头上，我不好意思再麻烦你。

Dāngshí nǐ zhèngzài qìtóu shang, wǒ bù hǎoyìsi zài máfan nǐ.

그때 너 화 내고 있었잖아. 너를 더 귀찮게 하고 싶지 않았어.

단어 白白 báibái 부 괜히, 헛되이 | 误会 wùhuì 동 오해하다 | 害得 hài de 결과로서 좋지 않은 상태가 되다 | 解释 jiěshì 동 설명하다, 해석하다, 해설하다 | 按时 ànshí 부 제때에 | 一事无成 yí shì wú chéng 성 아무 일도 성사하지 못하다 | 报名 bào míng 동 등록하다, 신청하다 | 气头上 qìtóu shang 명 화가 난 상태 | 麻烦 máfan 동 귀찮게 하다

DAY 016

진준·성구현의
음원 바로 듣기

这么快就要回去了？还有好多话没跟你说呢。

Zhème kuài jiù yào huíqu le? Hái yǒu hǎoduō huà méi gēn nǐ shuō ne.

이렇게 빨리 돌아가려고? 아직 할 말 많은데 다 못했어.

임박을 나타내는 '就要~了'라는 표현을 넣어
'这么快就要~了'로 사용하면 '이렇게 빨리 ~하다'의 뜻이에요.

확장연습

1 没想到这么快就要进公司了。

Méi xiǎng dào zhème kuài jiù yào jìn gōngsī le.

이렇게 빨리 입사하게 될 줄은 몰랐어.

2 这么快就要结婚了。

Zhème kuài jiù yào jié hūn le.

이렇게 빨리 결혼하게 되다니.

3 这么快就要毕业了。

Zhème kuài jiù yào bì yè le.

이렇게 빨리 졸업이 다가오다니.

PLUS 표현

1 不要着急，我还有好多话没跟你说呢。

Búyào zháo jí, wǒ hái yǒu hǎo duō huà méi gēn nǐ shuō ne.

조급하게 굴지 마, 아직 할 말 다 안 했어.

2 你坐下来喝口水，我还有好多话没跟你说。

Nǐ zuò xiàlai hē kǒu shuǐ, wǒ hái yǒu hǎo duō huà méi gēn nǐ shuō.

앉아서 물 한 모금 마셔. 아직 할 말 다 안 했어.

'주어+有/没有+명사+행동'은 중국인들이 정말 많이 사용하는 표현 방법이지만, 한국어로 번역했을 때 어색하게 다가오기 때문에 한국인들이 편하게 사용하지 못하는 표현 중에 하나예요. 보통 거꾸로 해석하면 쉽다는 점 기억하세요.

예 我有很多衣服可以穿。
(나는 입을 수 있는 옷이 많이 있다.)

대화

你先坐下来，听我慢慢跟你说，我还有好多话想跟你说。

Nǐ xiān zuò xiàlai, tīng wǒ mànmān gēn nǐ shuō, wǒ hái yǒu hǎo duō huà xiǎng gēn nǐ shuō.

너 먼저 좀 앉아. 내가 천천히 얘기할게, 아직 너한테 할 말이 많거든.

那你快一点，我现在急着回公司开会。

Nà nǐ kuài yìdiǎn, wǒ xiànzài jí zhe huí gōngsī kāi huì.

그럼 빨리 얘기해. 나 지금 급하게 회사로 돌아가서 회의해야 해.

'好多话没跟你说' 대신 '好多话想跟你说'라고 살짝 바꿔서 사용해도 아주 자연스럽고 멋진 표현이 될 수 있어요.

단어 毕业 bì yè 동 졸업하다

DAY 017

진준 · 성구현의 음원 바로 듣기

你这都是累出来的，工作再忙也要休息。

Nǐ zhè dōu shì lèi chūlai de, gōngzuò zài máng yě yào xiūxi.

너 이거 전부 피곤해서 그런 거야. 일이 아무리 바빠도 쉬어야 해.

'再'는 원래 '다시'의 의미이지만, '아무리, 아무리 ~하더라도'의 뜻을 나타낼 수도 있어요. 주로 뒤에 '也'와 호응해요.

확장연습

1 手机再贵也要买。

Shǒujī zài guì yě yào mǎi.

휴대전화가 아무리 비싸더라도 나는 살 거야.

2 你再骗我也要相信你。

Nǐ zài piàn wǒ yě yào xiāngxìn nǐ.

네가 아무리 날 속여도 나는 너를 믿을 거야.

3 我再被她拒绝了也要向她求婚。

Wǒ zài bèi tā jùjué le yě yào xiàng tā qiú hūn.

그녀에게 아무리 거절 당해도, 나는 그녀에게 청혼할 거야.

PLUS 표현

1 医生说了，我这都是累出来的。

Yīshēng shuō le, wǒ zhè dōu shì lèi chūlai de.

의사 선생님이 그러는데, 이건 전부 피곤해서 그런 거래.

2 你这都是累出来的，天天这么忙，能健康吗?

Nǐ zhè dōu shì lèi chūlai de, tiāntiān zhème máng, néng jiànkāng ma?

너 이거 전부 피곤해서 그래, 매일 이렇게 바쁜데 건강할 수 있겠니?

여기서의 '我这'는 이미 화제를 둘 다 알고 있는 상황에서 그 화제에 대해 언급할 때 쓸 수 있어요. 마찬가지로 '你这'는 상대방이 처한 이 상황을 지칭하죠. '累出来'와 같이 '형용사+出来'는 형용사 때문에 빚어진 결과를 강조할 때 써요.

Chapter 02

대화

我最近总是无精打采，吃什么都没有胃口。

Wǒ zuìjìn zǒngshì wú jīng dǎ cǎi, chī shénme dōu méiyǒu wèikǒu.

나 요즘 항상 기운이 없고, 뭘 먹어도 입맛이 없어.

你这都是累出来的。你要适当地休息。

Nǐ zhè dōu shì lèi chūlai de. Nǐ yào shìdàng de xiūxi.

너 이게 전부 피곤해서 그래. 적당히 쉬기도 해야지.

단어 骗 piàn ⓢ 속이다 | 相信 xiāngxìn ⓢ 믿다 | 拒绝 jùjué ⓢ 거절하다 | 求婚 qiú hūn ⓢ 청혼하다, 구혼하다 | 健康 jiànkāng ⓗ 건강하다 | 总是 zǒngshì ⓑ 항상, 늘 | 无精打采 wú jīng dǎ cǎi ⓢ 기운이 없다, 의기소침하다 | 胃口 wèikǒu ⓜ 입맛 | 适当 shìdàng ⓗ 적당하다, 알맞다

진준·성구현의
음원 바로 듣기

DAY 018

冬天到了，干什么事儿都提不起劲儿。

Dōngtiān dào le, gàn shénme shìr dōu tí bu qǐ jìnr.

겨울이 되어서, 뭘 해도 기운이 안 나.

'동사+什么+都~'는 '무엇을 하든지 전부 ~하다'의 의미로 쓰이는 구문이에요.

확장연습

1. 他唱什么歌都好听。

   Tā chàng shénme gē dōu hǎotīng.

   그가 무슨 노래를 불러도 다 듣기 좋아.

2. 吃什么都不行。

   Chī shénme dōu bùxíng.

   뭘 먹어도 안 돼.

3. 穿什么都好看。

   Chuān shénme dōu hǎokàn.

   뭘 입어도 예뻐.

PLUS 표현

1 周末玩儿得太疯了，周一提不起劲儿。

Zhōumò wánr de tài fēng le, zhōuyī tí bu qǐ jìnr.

주말에 너무 미친 듯이 놀아서 월요일에 기운이 하나도 없네.

2 看你这样提不起劲儿，我也跟着没力气。

Kàn nǐ zhèyàng tí bu qǐ jìnr, wǒ yě gēnzhe méi lìqi.

너의 기운 없는 모습을 보니까 나까지 따라서 힘이 없어.

'提不起劲儿'은 '힘이 나지 않는다, 기운이 없다'의 뜻으로 지난 시간에 배운 '无精打采'와 비슷한 의미예요.

대화

你这是怎么了？才周一就这样提不起劲儿？

Nǐ zhè shì zěnme le? Cái zhōuyī jiù zhèyàng tí bu qǐ jìnr?

너 왜 그러니? 겨우 월요일인데 이렇게 기운이 없어?

别提了，周末跟老同学见面，大家都玩儿得太疯了。

Bié tí le, zhōumò gēn lǎo tóngxué jiàn miàn, dàjiā dōu wánr de tài fēng le.

말도 마, 주말에 옛 동창들이랑 만나서 정말 미친 듯이 놀았어.

단어 提不起劲儿 tí bu qǐ jìnr 기운이 없다, 힘이 없다 | 疯 fēng ⓢ 미치다 | 力气 lìqi ⓜ 힘 | 才 cái ⓑ 겨우, 고작, 아직 | 提 tí ⓢ 말하다 | 老同学 lǎo tóngxué 옛 동창

DAY 019

진준·성구현의 음원 바로 듣기

那个上面都是灰，你看好了再坐。

Nàge shàngmiàn dōu shì huī, nǐ kàn hǎo le zài zuò.

저 위에 전부 먼지야, 잘 보고 앉아.

동사 뒤에 '好'를 붙이면 '다 ~하다, 잘 ~하다'의 뜻을 나타내는 결과보어 용법이에요. 여기에 뒤에 '再'를 붙이면 '잘 ~한 다음 ~해라'의 뜻으로 여기서 '再'는 '然后'의 의미와 같아요.

확장연습

1. 机票买好了再告诉我。
   Jīpiào mǎi hǎo le zài gàosu wǒ.
   항공권 산 후에 나한테 알려줘.

2. 说好了再走吧。
   Shuō hǎo le zài zǒu ba.
   말 다 끝나고(다 결정하고) 가자.

3. 咱们吃好了再说吧。
   Zánmen chī hǎo le zài shuō ba.
   우리 다 먹고 나서 얘기하자.

PLUS 표현

1 很长时间没有碰电脑了，键盘上面全是灰。

Hěn cháng shíjiān méiyǒu pèng diànnǎo le, jiànpán shàngmiàn quán shì huī.

오랫동안 컴퓨터를 건들지 않았더니, 키보드에 전부 먼지네.

2 你不要进来，这里很脏，我身上全是灰。

Nǐ búyào jìnlai, zhèli hěn zāng, wǒ shēnshang quán shì huī.

들어오지 마. 여기 너무 더러워. 나 몸에 온통 먼지야.

대화

你在外面站着，我先进去看看。

Nǐ zài wàimiàn zhàn zhe, wǒ xiān jìnqu kànkan.

好久没有回来了，屋子里面全是灰。

Hǎojiǔ méiyǒu huílai le, wūzi lǐmiàn quán shì huī.

밖에 좀 서 있어, 내가 먼저 들어가서 볼게. 너무 오랫동안 안 돌아왔더니, 집 안이 먼지 투성이네.

那你要小心点，最好戴个口罩。

Nà nǐ yào xiǎoxīn diǎn, zuìhǎo dài ge kǒuzhào.

그럼 조심해, 마스크 쓰는 게 제일 낫겠다.

단어 灰 huī 명 먼지 | 碰 pèng 동 건들다, 부딪히다 | 键盘 jiànpán 명 키보드 | 脏 zāng 형 더럽다 | 屋子 wūzi 명 집, 방 | 戴 dài 동 착용하다 | 口罩 kǒuzhào 명 마스크

진준 · 성구현의 음원 바로 듣기

DAY 020

好像是吃坏了肚子，肚子胀得难受。

Hǎoxiàng shì chī huài le dùzi, dùzi zhàng de nánshòu.

배탈이 난 거 같아. 속이 더부룩해서 괴로워.

'坏'는 원래 '나쁘다'의 의미인데, '동사+坏了+신체부위'의 어순으로 쓰면 '~해서 안 좋아졌다'의 의미가 돼요.

확장연습

1. 吃了不干净的，吃坏了肚子。
   Chī le bù gānjìng de, chī huài le dùzi.
   더러운 걸 먹어서 배탈이 났어.

2. 每天熬夜累坏了身体。
   Měitiān áo yè lèi huài le shēntǐ.
   매일 밤을 새서 건강이 나빠졌어.

3. 经常看手机把眼睛看坏了。
   Jīngcháng kàn shǒujī bǎ yǎnjing kàn huài le.
   휴대전화를 너무 자주 봐서 눈이 나빠졌어.

PLUS 표현

1 喝水喝太多了，到现在肚子还胀得难受。

Hē shuǐ hē tài duō le, dào xiànzài dùzi hái zhàng de nánshòu.

물을 너무 많이 먹어서 지금까지 배가 더부룩하고 불편하네.

2 最近消化不太好，肚子胀得难受。

Zuìjìn xiāohuà bú tài hǎo, dùzi zhàng de nánshòu.

요즘 소화가 잘 안 돼서, 배가 더부룩해.

'胀'은 '더부룩하다'의 뜻으로 쓰여 주로 소화불량으로 생기는 통증에 자주 사용해요.

대화

你怎么了？有心事吗？我看你晚饭也没怎么吃。

Nǐ zěnme le? Yǒu xīnshì ma? Wǒ kàn nǐ wǎnfàn yě méi zěnme chī.

왜 그래? 무슨 걱정거리 있어? 저녁도 제대로 안 먹던데.

最近好像肠胃不太好，吃多了肚子胀得难受。

Zuìjìn hǎoxiàng chángwèi bú tài hǎo, chī duō le dùzi zhàng de nánshòu.

요즘 위장이 좀 안 좋아, 많이 먹으면 속이 불편해.

'肠胃'는 글자 그대로 '장'과 '위'인데요, 중국 사람들은 배가 아픈 것을 형용할 때 습관적으로 이 단어를 많이 써요.

단어 胀 zhàng 형 더부룩하다, 불편하다 | 难受 nánshòu 형 괴롭다, 견딜 수 없다 | 干净 gānjìng 형 깨끗하다 | 熬夜 áo yè 동 밤을 새다 | 经常 jīngcháng 부 자주 | 消化 xiāohuà 동 소화하다 | 心事 xīnshì 명 근심거리, 걱정거리 | 肠胃 chángwèi 명 위장

연습문제 II

우리말에 맞게 중국어로 써 본 후 문장을 읽어 보세요.

1. 나는 드디어 치과의사가 되었다. (成为)

➡ ______________________________。

2. 나는 3주 동안 술을 안 마셨어. (有)

➡ ______________________________。

3. 어떤 문제도 해결 가능해. (什么~都~)

➡ ______________________________。

4. 그는 왜 전화를 안 받아? (怎么~呢)

➡ ______________________________?

5. 밖이 너무 시끄러워서 내가 잠을 못 자겠어. (害得)

➡ ______________________________。

6. 이렇게 빨리 입사하게 될 줄은 몰랐어. (这么快就要~了)

➡ ______________________________。

7. 네가 아무리 날 속여도 나는 너를 믿을 거야. (再~也~)

➡ ______________________________。

8. 그가 무슨 노래를 불러도 다 듣기 좋아. (동사+什么+都)

➡ ______________________________。

9. 항공권 산 후에 나한테 알려줘. (好~再~)

➡ ______________________________。

10. 더러운 걸 먹어서 배탈이 났어. (坏了)

➡ ______________________________。

정답 p.250

진준 · 성구현의 음원 바로 듣기

진준의 心灵鸡汤

* 心灵鸡汤 xīnlíng jītāng : 마음을 치유해 주는 이야기

书

从孩提时代起，书本一直陪伴着我们成长。

Cóng háití shídài qǐ, shūběn yìzhí péibàn zhe wǒmen chéngzhǎng.

自从上学以后，我们就会每天跟书本打交道，

Zìcóng shàng xué yǐhòu, wǒmen jiù huì měitiān gēn shūběn dǎ jiāodao,

也许是需要获取知识，也许是想要在书中寻找快乐。

yěxǔ shì xūyào huòqǔ zhīshi, yěxǔ shì xiǎng yào zài shū zhōng xúnzhǎo kuàilè.

书总是被我们需要着。

Shū zǒngshì bèi wǒmen xūyào zhe.

“万般皆下品，唯有读书高”是在说读书是高尚的，
也是有益处的。

“Wànbān jiē xiàpǐn, wéiyǒu dú shū gāo” shì zài shuō dú shū shì gāoshàng de,
yě shì yǒu yìchù de.

书本带给我们的东西，可不能用金钱来衡量。

Shūběn dài gěi wǒmen de dōngxi, kě bù néng yòng jīnqián lái héngliáng.

책

어린 시절부터 책은 줄곧 우리들의 성장과 함께 했다.
학교에 들어가게 되면, 그 뒤로 우리들은 매일 책과 씨름한다.
아마 지식을 얻을 필요가 있기 때문일지도, 책 속에서 즐거움을 찾으려고 했을지도 모른다.
책은 항상 우리에게 필요하다.
'모든 것이 다 하찮고, 오직 독서만이 높다'는 독서가 고상하고 유익한 것이라는 걸
말하고 있다.
책이 우리에게 가져다 주는 것은 절대 금전으로 평가해서는 안 된다.

진짜
중국어

Chapter 03

DAY 021	你不觉得自己有点过分吗？在家什么事也不干。
DAY 022	他这个人心地善良，看不得别人有困难。
DAY 023	希望明天天公作美，要不然我们都白忙活了。
DAY 024	你别老坐着，站起来活动一下。
DAY 025	这个房间要经常通风，否则容易发霉。
DAY 026	那些东西也不占地方，放多久都可以。
DAY 027	你不要太敏感了，都不敢跟你开玩笑了。
DAY 028	千万不要因为一时冲动而毁了一生。
DAY 029	小时候，总是对新的事物充满了好奇心。
DAY 030	托朋友的福，我才能顺利通过考核。

진준 · 성구현의 음원 바로 듣기

DAY 021

你不觉得自己有点过分吗？在家什么事也不干。

Nǐ bù juéde zìjǐ yǒudiǎn guò fèn ma? Zài jiā shénme shì yě bú gàn.

네 자신이 좀 심하다고 생각하지 않니? 집에서 아무것도 안 하고.

일반적으로 '不~吗?'는 화자가 자신이 말하고자 하는 바를 강조할 때 많이 써요. 보통 '~하지 않니?'로 해석하고, '정말 ~하다'의 의미를 갖죠. 위의 문장에서는 중간에 '觉得'가 붙었으므로 '~라고 생각하지 않니?'로 해석해요.

확장연습

1 你不觉得他帅吗？

Nǐ bù juéde tā shuài ma?

너는 그가 잘생겼다고 생각 안 하니?

2 你不觉得这样做不对吗？

Nǐ bù juéde zhèyàng zuò bú duì ma?

이렇게 하면 잘못 되었단 생각은 안 하니?

3 你不觉得自己很脏吗？

Nǐ bù juéde zìjǐ hěn zāng ma?

너는 네 자신이 더럽다고 생각 안 하니?

PLUS 표현

1 大家都在忙，只有你什么事都不干。

Dàjiā dōu zài máng, zhǐyǒu nǐ shénme shì dōu bú gàn.

모두 바쁜데 너만 아무것도 안 하고 있어.

2 在公司里不可以什么事都不干。

Zài gōngsī li bù kěyǐ shénme shì dōu bú gàn.

회사에서는 아무것도 안 하고 있으면 안 돼.

'什么事都不干'은 '아무것도 하지 않는다'의 뜻으로 쓰이는 관용어예요. 여기서 '什么'를 '무엇, 무슨'의 의문사로 해석하지 않도록 조심해야 해요.

Chapter 03

대화

你天天这么努力，到底为了什么?

Nǐ tiāntiān zhème nǔlì, dàodǐ wèile shénme?

너 매일 이렇게 노력하는 거 도대체 무엇을 위해서니?

我也说不清楚，但是我觉得不可以什么事都不干。

Wǒ yě shuō bu qīngchu, dànshì wǒ juéde bù kěyǐ shénme shì dōu bú gàn.

나도 확실히 말 못 하겠어. 하지만 아무것도 안 하면 안 될 거 같아서.

단어 过分 guò fèn 형 지나치다, 너무하다 | 脏 zāng 형 더럽다 | 到底 dàodǐ 부 도대체 | 为了 wèile 전 ~을(를) 위하여

DAY 022

진준·성구현의
음원 바로 듣기

他这个人心地善良，看不得别人有困难。

Tā zhège rén xīndì shànliáng, kàn bu de biérén yǒu kùnnan.

그는 마음이 착해서 늘 어려운 사람을 도와준다.

동사 뒤에 '不得'를 붙이면 '~할 수 없다, ~해서는 안 된다'의 뜻을 나타내요. 즉 '看不得'는 '(차마) 볼 수 없다'의 뜻이고 '买不得'는 '살 수 없다'의 뜻이 됩니다.

확장연습

1. 我看不得他难过。
   Wǒ kàn bu de tā nánguò.
   나는 그가 괴로워하는 걸 못 봐.

2. 他看不得别人比自己好。
   Tā kàn bu de biérén bǐ zìjǐ hǎo.
   그는 다른 사람이 자신 보다 잘하는 걸 못 봐.

3. 我看不得你哭。
   Wǒ kàn bu de nǐ kū.
   나는 네가 우는 건 못 봐.

PLUS 표현

1 我喜欢和心地善良的人交朋友。
Wǒ xǐhuan hé xīndì shànliáng de rén jiāo péngyou.
나는 마음씨가 착한 사람과 친구하는 걸 좋아해.

2 他虽然性格急躁，但是心地善良。
Tā suīrán xìnggé jízào, dànshì xīndì shànliáng.
그는 성격이 급하지만 마음은 착해.

'心地善良'은 마음이 여리거나 착함을 나타낼 때 쓰는 표현이에요. 이와 비슷한 말로 마음이 너무 여려서 다른 사람의 부탁을 잘 거절하지 못할 때, '心肠软 xīncháng ruǎn'이라고 표현하기도 해요.

대화

你说，小张这个人为什么不会拒绝别人？
Nǐ shuō, Xiǎo Zhāng zhège rén wèi shénme bú huì jùjué biérén?
네 생각에 샤오장은 왜 다른 사람을 거절 못 하는 거 같아?

你别怪他，他是因为心地太善良了。
Nǐ bié guài tā, tā shì yīnwèi xīndì tài shànliáng le.
너 그를 탓하지 마. 마음이 너무 착해서 그래.

단어 心地 xīndì ⓜ 마음 | 善良 shànliáng ⓗ 착하다 | 困难 kùnnan ⓜ 어려움, 애로 | 难过 nánguò ⓗ 괴롭다 | 急躁 jízào ⓗ 성미가 조급하다 | 拒绝 jùjué ⓓ 거절하다 | 怪 guài ⓓ 탓하다

DAY 023

진준·성구현의 음원 바로 듣기

希望明天天公作美，要不然我们都白忙活了。

Xīwàng míngtiān tiāngōng zuòměi, yàobùrán wǒmen dōu bái mánghuo le.

내일 하늘이 도와주어야 할 텐데, 안 그러면 우리 헛수고 한 게 될 거야.

'白'는 흰색을 나타내기도 하지만 술어 앞에서 '헛되이, 괜히'라는 뜻으로 쓰여요. 예를 들어 '白去了'라고 하면 '괜히 갔다, 헛걸음했다'의 뜻이 되고, '白做了'라고 하면 '헛수고했다, 괜히 했다'의 뜻이 돼요.

확장연습

1 这么长时间白学了！

Zhème cháng shíjiān bái xué le!

이렇게 오랜 시간 동안 헛배웠네!

2 白跑一趟了。

Bái pǎo yí tàng le.

헛걸음했네.

3 今天的晚饭白做了。

Jīntiān de wǎnfàn bái zuò le.

오늘 저녁밥은 괜히 했네.

PLUS 표현

1 如果天公作美，我们周末就去旅行。

Rúguǒ tiāngōng zuòměi, wǒmen zhōumò jiù qù lǚxíng.

만약 하늘이 돕는다면(날씨가 좋다면), 우리 주말에 여행 가자.

2 好不容易出来一趟，但是天公不作美。

Hǎobùróngyì chūlai yí tàng, dànshì tiāngōng bú zuòměi.

정말 어렵게 나왔는데, 하늘이 도와주질 않네. (날씨가 안 좋네.)

'天公作美'는 '하늘이 도와주다'의 의미예요. 주로 간절히 바라던 일이 이루어졌을 때 또는 이루어지길 바랄 때 써요. 그런데 때에 따라서는 '날씨가 좋다'의 의미로도 많이 쓰여요. 보통 여행을 가려면 가장 중요한 게 날씨이므로 '날씨가 좋다'는 뜻의 관용적 표현으로도 쓰인답니다.

Chapter 03

대화

好长时间没有出去了，真想出去走走散散心。

Hǎo cháng shíjiān méiyǒu chūqu le, zhēn xiǎng chūqu zǒuzou sànsan xīn.

너무 오랫동안 놀러 가지 못했어. 정말 밖으로 나가서 기분 전환 좀 하고 싶다.

可以啊，如果天公作美，我周末带你去爬山。

Kěyi a, rúguǒ tiāngōng zuòměi, wǒ zhōumò dài nǐ qù pá shān.

좋아, 만약 날씨가 좋다면 주말에 너 데리고 등산 갈게.

단어 天公作美 tiāngōng zuòměi 하늘이 돕다 | 要不然 yàobùrán 그렇지 않으면 | 白 bái ㊝ 헛되이 | 忙活 mánghuo ㊍ 분주하게 일하다 | 散心 sàn xīn ㊍ 기분 전환을 하다

진준·성구현의 음원 바로 듣기

DAY 024

你别老坐着，站起来活动一下。

Nǐ bié lǎo zuò zhe, zhàn qǐlai huódòng yíxià.

너 계속 앉아만 있지 말고, 일어나서 좀 움직여.

술어 앞에 '老'가 붙으면 '늙다, 오래되다'의 의미가 아니라 '항상 ~하다, 툭하면 ~하다'의 의미로 쓰여요. 여기에 앞에 금지를 나타내는 '别'가 붙었으므로 '계속 ~만 하지 말아라'의 뜻이 됩니다.

확장연습

1. 你别老看手机。
   Nǐ bié lǎo kàn shǒujī.
   너 휴대전화 좀 그만 봐.

2. 别老听别人在说什么。
   Bié lǎo tīng biérén zài shuō shénme.
   늘 다른 사람이 무슨 말 하는지 신경 좀 쓰지 마.

3. 别老躺着！
   Bié lǎo tǎng zhe!
   그만 좀 누워 있어!

PLUS 표현

1 坐了一天了，起来活动一下。

Zuò le yìtiān le, qǐlái huódòng yíxià.

하루 종일 앉아 있었으니, 일어나서 좀 움직여.

2 周末不要一直躺在床上，起来活动一下。

Zhōumò búyào yìzhí tǎng zài chuáng shang, qǐlái huódòng yíxià.

주말 내내 침대에 누워만 있지 말고, 일어나서 좀 움직여.

'起来'는 '일어나다'는 뜻이고 '活动'은 '활동하다'의 의미이므로 '起来活动一下'는 '일어나서 좀 움직여라'는 뜻의 관용어가 됩니다.

대화

我这一天脸都没有洗，一直待在家里了。

Wǒ zhè yìtiān liǎn dōu méiyǒu xǐ, yìzhí dāi zài jiā li le.

나 하루 종일 세수도 안 하고 계속 집에 있었어.

你这样不行，休息的时候，不要一直呆在屋里，出去活动一下。

Nǐ zhèyàng bùxíng, xiūxi de shíhou, búyào yìzhí dāi zài wū li, chūqu huódòng yíxià.

그러면 안 돼. 쉴 때 너무 집에만 있지 말고 나가서 좀 움직여.

단어 活动 huódòng ⓜ 활동 ⓢ 활동하다 | 躺 tǎng ⓢ 눕다 | 待 dāi ⓢ 머물다, 체류하다 | 呆 dāi ⓢ 머물다

진준·성구현의
음원 바로 듣기

DAY 025

这个房间要经常通风，否则容易发霉。

Zhège fángjiān yào jīngcháng tōng fēng, fǒuzé róngyì fā méi.

이 방을 자주 환기시켜, 안 그러면 곰팡이가 쉽게 생겨.

‘否则’는 ‘그렇지 않으면’의 뜻을 나타내는 접속사예요. 주로 앞 절에 조건이 옵니다.

확장연습

1. 你要努力学习，否则考不上大学。

   Nǐ yào nǔlì xuéxí, fǒuzé kǎo bu shàng dàxué.

   너 열심히 공부해야 해, 안 그러면 대학 못 가.

2. 你别惹他了，否则后果会很严重的。

   Nǐ bié rě tā le, fǒuzé hòuguǒ huì hěn yánzhòng de.

   걔 건드리지 마, 안 그러면 나중에 뒷감당 안 될 거야.

3. 穿厚点儿，否则容易感冒。

   Chuān hòu diǎnr, fǒuzé róngyì gǎnmào.

   두껍게 좀 입어, 안 그러면 감기 걸리기 쉬워.

PLUS 표현

1 木质的家具容易发霉。

Mù zhì de jiājù róngyì fā méi.

나무로 만든 가구는 곰팡이가 쉽게 피어.

2 屋里潮湿，衣服容易发霉。

Wū li cháoshī, yīfu róngyì fā méi.

방 안에 습기가 차면, 옷에 곰팡이가 쉽게 피어.

대화

这些都是什么时候买的？要快点吃完。

Zhèxiē dōu shì shénme shíhou mǎi de? Yào kuài diǎn chī wán.

이거 전부 언제 산 거야? 빨리 다 먹어.

我差点忘了，这些面包放久了容易发霉。

Wǒ chàdiǎn wàng le, zhèxiē miànbāo fàng jiǔ le róngyì fā méi.

깜빡 잊을 뻔했네. 이 빵은 오래 두면 곰팡이 피는데.

단어 通风 tōng fēng ⓢ 통풍시키다, 환기시키다 | 发霉 fā méi ⓢ 곰팡이가 피다 | 惹 rě ⓢ 자극하다, 화나게 하다 | 后果 hòuguǒ ⓜ 나쁜 결과 | 严重 yánzhòng ⓗ 심각하다 | 木质 mù zhì 나무로 만든 | 潮湿 cháoshī ⓗ 축축하다 | 差点 chàdiǎn ⓑ 하마터면

진준 · 성구현의
음원 바로 듣기

DAY 026

那些东西也不占地方，放多久都可以。

Nàxiē dōngxi yě bú zhàn dìfang, fàng duō jiǔ dōu kěyǐ.

그 물건들은 공간을 얼마 차지하지도 않아, 얼마든지 오래 둬도 돼.

'동사+多久都可以'는 직역하면 '얼마나 긴 시간이든 ~해도 된다'의 뜻으로 '얼마든지 ~해도 돼'의 표현으로 쓰여요.

확장연습

1 你要坐多久都可以。

Nǐ yào zuò duō jiǔ dōu kěyǐ.

얼마든지 앉아 있어도 돼.

2 你要用多久都可以。

Nǐ yào yòng duō jiǔ dōu kěyǐ.

얼마든지 오래 사용해도 돼.

3 因为我喜欢你，所以等多久都可以。

Yīnwèi wǒ xǐhuan nǐ, suǒyǐ děng duō jiǔ dōu kěyǐ.

나는 너를 좋아하기 때문에 얼마든지 기다려도 돼.

PLUS 표현

1 放在家里吧，它们也不占地方。

Fàng zài jiā li ba, tāmen yě bú zhàn dìfang.

집에 놔 둬. 별로 자리도 차지하지 않잖아.

2 不用删照片，照片不占地方。

Búyòng shān zhàopiàn, zhàopiàn bú zhàn dìfang.

사진 지울 필요 없어. 별로 공간도 안 차지하니까.

'占'은 '차지하다'라는 뜻의 동사이고, '地方'은 '자리'라는 의미로 쓰여요. 따라서 '不占地方'은 '자리를 차지하지 않는다, 공간을 차지하지 않는다'라는 뜻의 관용어예요.

대화

不好意思，这个东西我先放在这里，下午马上来拿。

Bù hǎoyìsi, zhège dōngxi wǒ xiān fàng zài zhèli, xiàwǔ mǎshàng lái ná.

미안하지만, 이 물건 좀 여기에 먼저 놓아 둘게. 오후에 금방 가지러 올 거야.

没关系，我帮你看着，东西也不占地方，你不用客气。

Méi guānxi, wǒ bāng nǐ kān zhe, dōngxi yě bú zhàn dìfang, nǐ búyòng kèqi.

괜찮아. 내가 잘 지키고 있을게. 자리를 차지하는 것도 아닌데. 미안해할 필요 없어.

단어 占 zhàn ⓓ 차지하다 | 地方 dìfang ⓜ 공간, 장소 | 删 shān ⓓ 지우다

진준·성구현의 음원 바로 듣기

DAY 027

你不要太敏感了，都不敢跟你开玩笑了。

Nǐ búyào tài mǐngǎn le, dōu bù gǎn gēn nǐ kāi wánxiào le.

너무 예민하게 굴지 마, 농담일 뿐이야. (너한테는 농담도 못 하겠다.)

'不敢~了'는 '감히 ~할 수 없다'는 뜻이에요. 앞에 '都'가 붙으면 '~할 때마다 항상'의 뜻이 강조됩니다.

확장연습

1 最近有很多事情，大家都不敢下班了。

Zuìjìn yǒu hěn duō shìqing, dàjiā dōu bù gǎn xià bān le.

최근에 일이 너무 많아서 모두 퇴근할 엄두를 못 내고 있어.

2 我朋友说谎了，都不敢看人家的眼睛了。

Wǒ péngyou shuō huǎng le, dōu bù gǎn kàn rénjia de yǎnjing le.

내 친구가 거짓말해서 사람의 눈을 못 쳐다봐.

3 太紧张了，都不敢抬头看面试的人了。

Tài jǐnzhāng le, dōu bù gǎn tái tóu kàn miànshì de rén le.

너무 긴장해서 고개를 들어 면접관의 얼굴을 쳐다볼 수 없었어.

PLUS 표현

1 你有什么心事吗？最近好像很敏感。

Nǐ yǒu shénme xīnshì ma? Zuìjìn hǎoxiàng hěn mǐngǎn.

너 무슨 걱정거리 있니? 요즘 좀 예민한 것 같아.

2 天气干燥受不了，我的皮肤太敏感了。

Tiānqì gānzào shòu bu liǎo, wǒ de pífū tài mǐngǎn le.

날씨가 건조해서 못 참겠어. 내 피부가 너무 민감해서.

'敏感'은 심리적으로 예민한 반응을 보일 때나 환경의 변화로 신체에 민감한 반응이 생겼을 때 두루 쓸 수 있어요.

대화

没有说几句话，就生气了，他的反应也太敏感了吧？

Méiyǒu shuō jǐ jù huà, jiù shēng qì le, tā de fǎnyìng yě tài mǐngǎn le ba?

몇 마디 안 했는데, 화를 내다니. 그의 반응도 너무 예민하지?

他家里出了事，最近心情不好，你最好不要惹他。

Tā jiā li chū le shì, zuìjìn xīnqíng bù hǎo, nǐ zuìhǎo búyào rě tā.

그의 집에 일이 생겨서 요즘 기분이 안 좋아. 그를 건들지 않는 게 좋아.

단어 敏感 mǐngǎn 형 민감하다 | 说谎 shuō huǎng 동 거짓말하다 | 抬头 tái tóu 동 고개를 들다 | 面试 miànshì 동 면접을 보다 | 干燥 gānzào 형 건조하다 | 皮肤 pífū 명 피부 | 惹 rě 동 건들다, 화나게 하다

DAY 028

진준·성구현의 음원 바로 듣기

千万不要因为一时冲动而毁了一生。

Qiānwàn búyào yīnwèi yìshí chōngdòng ér huǐ le yìshēng.

한순간의 충동으로 평생을 망치면 절대 안 돼.

'因为A而B' 구문은 'A이기 때문에 B하다', 'A로 인해 B하다'의 뜻이에요.

확장연습

1 因为身体而休学了一个学期。

Yīnwèi shēntǐ ér xiū xué le yí ge xuéqī.

건강 때문에 한 학기 휴학을 했어.

2 请大家不要因为胜利而得意。

Qǐng dàjiā búyào yīnwèi shènglì ér déyì.

모두 이겼다고 득의양양해서는 안 돼요.

3 我爸因为胖而不敢多吃。

Wǒ bà yīnwèi pàng ér bù gǎn duō chī.

우리 아빠는 뚱뚱해서 많이 먹을 엄두를 못 내요.

PLUS 표현

1 一时冲动的感情不能长久。

Yìshí chōngdòng de gǎnqíng bù néng chángjiǔ.

한순간의 충동적인 감정은 오래가지 못해.

2 因一时冲动养宠物，是一件很可怕的事情。

Yīn yìshí chōngdòng yǎng chǒngwù, shì yí jiàn hěn kěpà de shìqing.

충동적으로 애완동물을 키우는 것은 정말 무서운 일이야.

'一时'은 '한순간, 잠시'라는 뜻이고 '冲动'은 '흥분하다, 충동적이다'의 의미이므로 '一时冲动'은 '한순간의 충동'이란 뜻이 돼요.

Chapter 03

대화

你喜欢小狗吗？我看朋友家养的小狗很可爱，我也想养一只。

Nǐ xǐhuan xiǎogǒu ma? Wǒ kàn péngyou jiā yǎng de xiǎogǒu hěn kě'ài, wǒ yě xiǎng yǎng yì zhī.

너 강아지 좋아해? 내 친구네 집 강아지 너무 귀엽더라. 나도 한 마리 키우고 싶어.

你要考虑清楚，不能一时冲动就做决定。

Nǐ yào kǎolǜ qīngchu, bù néng yìshí chōngdòng jiù zuò juédìng.

잘 생각해, 순간적인 충동으로 결정하면 안 돼.

단어 一时 yìshí ⓜ 한순간, 잠시 | 冲动 chōngdòng ⓗ 격해지다, 흥분하다, 충동하다 | 毁 huǐ ⓓ 파괴하다, 훼손하다, 망가뜨리다 | 休学 xiū xué ⓓ 휴학하다 | 学期 xuéqī ⓜ 학기 | 胜利 shènglì ⓓ 승리하다 | 得意 déyì ⓗ 의기양양하다 | 养 yǎng ⓓ 키우다 | 宠物 chǒngwù ⓜ 애완동물

DAY 029

小时候，总是对新的事物充满了好奇心。

Xiǎoshíhou, zǒngshì duì xīn de shìwù chōngmǎn le hàoqíxīn.

어렸을 때 늘 새로운 사물에 대해 호기심이 가득했다.

'对A充满B'는 'A에 대해 B가 가득하다'의 뜻을 가진 구문인데, B 자리에는 주로 '용기, 자신감, 호기심, 에너지' 등 추상적인 표현들이 오고, '对' 대신 '让'을 쓰기도 해요.

확장연습

1 这种办法让孩子充满勇气。

Zhè zhǒng bànfǎ ràng háizi chōngmǎn yǒngqì.

이런 방법은 아이들에게 용기를 갖게 해.

2 如何让身体充满能量？

Rúhé ràng shēntǐ chōngmǎn néngliàng?

어떻게 하면 몸에 에너지를 가득 채울 수 있나?

3 我对自己充满信心。

Wǒ duì zìjǐ chōngmǎn xìnxīn.

나는 내 자신에게 자신감이 충분해.

PLUS 표현

1 孩子对外面的世界充满了好奇心。

Háizi duì wàimiàn de shìjiè chōngmǎn le hàoqíxīn.

아이들은 외부 세계에 대해 호기심이 가득해.

2 充满好奇心的人总会发现生活的美好。

Chōngmǎn hàoqíxīn de rén zǒng huì fāxiàn shēnghuó de měihǎo.

호기심으로 가득한 사람은 항상 인생의 아름다움과 즐거움을 느껴.

'生活的美好'는 직역하면 '생활의 아름다움'이 되지만 보통은 '삶에 있어서 아름다운 것들'이라고 이해하면 돼요. 따라서 '发现生活的美好'는 '인생의 아름다움과 즐거움을 느끼다'라는 뜻이에요.

Chapter 03

대화

年轻的时候，我们总是对很多事情充满好奇心。

Niánqīng de shíhou, wǒmen zǒngshì duì hěn duō shìqing chōngmǎn hàoqíxīn.

젊을 때 우리는 항상 많은 것들에 호기심이 가득해.

没错，这就是年轻的活力。

Méi cuò, zhè jiù shì niánqīng de huólì.

맞아, 이게 바로 젊음의 활력이야.

단어 总是 zǒngshì 뷰 늘, 언제나 | 充满 chōngmǎn 동 가득 차다 | 好奇心 hàoqíxīn 명 호기심 | 勇气 yǒngqì 명 용기 | 能量 néngliàng 명 에너지 | 信心 xìnxīn 명 자신, 신념

DAY 030

진준 · 성구현의
음원 바로 듣기

托朋友的福，我才能顺利通过考核。

Tuō péngyou de fú, wǒ cái néng shùnlì tōngguò kǎohé.

친구 덕에 나는 겨우 테스트를 무사히 통과했어.

'托~的福'는 직역하면 '~의 복에 의지하여'라는 뜻이에요.
즉 '~덕분에, ~덕에'의 표현으로 자주 쓰이는 관용어예요.

확장연습

1 托你的福，这次能顺利完成任务。

Tuō nǐ de fú, zhè cì néng shùnlì wánchéng rènwu.

네 덕분에 이번에 순조롭게 임무를 완수했어.

2 我能有今天，都是托家人的福。

Wǒ néng yǒu jīntiān, dōu shì tuō jiārén de fú.

오늘이 있을 수 있었던 건 모두 가족들의 덕분이에요.

3 托孩子的福，我们也变得非常单纯。

Tuō háizi de fú, wǒmen yě biàn de fēicháng dānchún.

아이 덕분에 우리도 단순하게 변했어.

PLUS 표현

1 一切顺利进行。

Yíqiè shùnlì jìnxíng.

모든 것이 순조롭게 진행돼.

2 我们顺利到达目的地。

Wǒmen shùnlì dàodá mùdìdì.

우리는 순조롭게 목적지에 도착했어.

Chapter 03

대화

祝贺你，又一次获得了这么好的成绩，是不是有什么秘诀？

Zhùhè nǐ, yòu yí cì huòdé le zhème hǎo de chéngjì, shì bu shì yǒu shénme mìjué?

축하해, 이번에도 이렇게 좋은 성적을 받았네. 무슨 비결이 있니?

没有什么秘诀，都是托大家的福，有很多人帮助我。

Méiyǒu shénme mìjué, dōu shì tuō dàjiā de fú, yǒu hěn duō rén bāngzhù wǒ.

별 비결 없어, 모두 여러분 덕분이지. 많은 분들이 나를 도와줬어.

단어 托 tuō ⓓ 받치다, 의지하다 | 福 fú ⓜ 복 | 考核 kǎohé ⓓ 심사하다, 테스트하다 | 任务 rènwu ⓜ 임무 | 单纯 dānchún ⓗ 단순하다 | 一切 yíqiè ⓓ 모든 것 | 到达 dàodá ⓓ 도착하다 | 目的地 mùdìdì ⓜ 목적지 | 秘诀 mìjué ⓜ 비결

우리말에 맞게 중국어로 써 본 후 문장을 읽어 보세요.

1 이렇게 하면 잘못되었단 생각은 안 하니? (不~吗)

➡ ______________________________。

2 나는 그가 괴로워하는 걸 못 봐. (~不得)

➡ ______________________________。

3 오늘 저녁밥은 괜히 했네. (白)

➡ ______________________________。

4 그만 좀 누워 있어! (别老)

➡ ______________________________!

5 두껍게 좀 입어, 안 그러면 감기 걸리기 쉬워. (否则)

➡ ______________________________。

6 얼마든지 오래 사용해도 돼. (多久都可以)

➡ ______________________________。

7 최근에 일이 너무 많아서 모두 퇴근할 엄두를 못 내고 있어. (都不敢~了)

➡ ______________________________。

8 건강 때문에 한 학기 휴학을 했어. (因为~而)

➡ ______________________________。

9 나는 내 자신에게 자신감이 충분해. (对~充满)

➡ ______________________________。

10 오늘이 있을 수 있었던 건 모두 가족들의 덕분이에요. (托~的福)

➡ ______________________________。

정답 p.250

진준의 心灵鸡汤

진준 · 성구현의
음원 바로 듣기

* 心灵鸡汤 xīnlíng jītāng : 마음을 치유해 주는 이야기

形象

一个人的形象有多么重要呢?
Yí ge rén de xíngxiàng yǒu duōme zhòngyào ne?

国外一所大学有一位心理学教授,
Guówài yì suǒ dàxué yǒu yí wèi xīnlǐxué jiàoshòu,

针对这个问题做了长达10年之久的研究。
zhēnduì zhège wèntí zuò le chángdá shí nián zhī jiǔ de yánjiū.

研究表明,在对一个人的印象当中,7%取决于说话的内容,
Yánjiū biǎomíng, zài duì yí ge rén de yìnxiàng dāngzhōng, bǎi fēn zhī qī qǔjué yú shuō huà de nèiróng,

38%在于辅助表达这些话语的方法,比如你说话的语气和语调,
bǎi fēn zhī sānshíbā zàiyú fǔzhù biǎodá zhèxiē huàyǔ de fāngfǎ, bǐrú nǐ shuō huà de yǔqì hé yǔdiào,

却有高达55%的比重决定于外表和形象。
què yǒu gāodá bǎi fēn zhī wǔshíwǔ de bǐzhòng juédìng yú wàibiǎo hé xíngxiàng.

像如今这个浮躁的社会里,好像没人有耐心,
Xiàng rújīn zhège fúzào de shèhuì li, hǎoxiàng méi rén yǒu nàixīn,

通过你邋遢的外表去发现你高贵的灵魂!
tōngguò nǐ lāta de wàibiǎo qù fāxiàn nǐ gāoguì de línghún!

所以修身养性固然重要,同时我们也需要打理好自己的形象。
Suǒyǐ xiūshēn yǎngxìng gùrán zhòngyào, tóngshí wǒmen yě xūyào dǎlǐ hǎo zìjǐ de xíngxiàng.

이미지

사람에게 이미지가 얼마나 중요한가?
외국의 한 대학 심리학 교수가
이 문제에 대하여 장장 10년이라는 오랜 시간 동안 연구를 했다.
연구에 의하면, 한 사람의 인상 중, 7%는 말의 내용에 달려 있고,
38%는 이런 말들을 하는 방법에 달렸다고 한다. 예를 들면 당신이 말할 때의 말투나 어조 등이다.
55%에 달하는 사람은 외모와 이미지에 의해 결정된다고 한다.
지금처럼 급히 바뀌고 있는 사회에서 인내심을 가지고
당신의 칠칠치 못한 외모를 통해 고귀한 영혼을 발견할 사람은 없을 것이다!
때문에 심신을 닦는 것도 중요하겠지만 동시에 이미지도 잘 가꾸어야 한다.

Chapter 03

진짜
중국어

Chapter 04

진준·성구현의
음원 바로 듣기

DAY 031

这部电影从头到尾让我们大跌眼镜。

Zhè bù diànyǐng cóng tóu dào wěi ràng wǒmen dà diē yǎnjìng.

이 영화는 처음부터 끝까지 우리를 깜짝 놀라게 해.

'从A到B'는 'A부터 B까지'의 뜻인 고정격식인데요, '从头到尾'는 직역하면 '머리부터 꼬리까지'이지만, 보통 '처음부터 끝까지'의 의미로 쓰여요.

확장연습

1 从两点到五点

Cóng liǎng diǎn dào wǔ diǎn

2시부터 5시까지

2 我把这本书从头到尾看完了。

Wǒ bǎ zhè běn shū cóng tóu dào wěi kàn wán le.

난 이 책을 처음부터 끝까지 다 봤다.

3 从头到尾都听不懂。

Cóng tóu dào wěi dōu tīng bu dǒng.

처음부터 끝까지 다 못 알아듣는다.

PLUS 표현

1 事情的真相让所有人大跌眼镜。

Shìqing de zhēnxiàng ràng suǒyǒu rén dà diē yǎnjìng.

사건의 진상이 모든 이들을 깜짝 놀라게 했다.

2 你的穿着让我大跌眼镜。

Nǐ de chuānzhuó ràng wǒ dà diē yǎnjìng.

너의 옷차림이 정말 놀랍다.

'大跌眼镜'은 '매우 놀라다'의 뜻을 가지고 있는 관용어로써 표현의 특성상 '让'과 '令' 등의 사역 동사와 함께 사용되는 경우가 많아요. 눈앞에 벌어진 상황이 믿기 힘들 때 또는 어떤 상황이 전혀 예상 밖일 때 유용하게 사용할 수 있어요.

대화

我从来没有想过会有这样的结果。

Wǒ cónglái méiyǒu xiǎng guo huì yǒu zhèyàng de jiéguǒ.

나는 이런 결과가 생길 줄 전혀 생각지 못했어.

没错，导演的想法真是让观众大跌眼镜！

Méi cuò, dǎoyǎn de xiǎngfǎ zhēn shì ràng guānzhòng dà diē yǎnjìng!

맞아, 감독님의 생각은 정말 관중을 놀라게 해!

단어 大跌眼镜 dà diē yǎnjìng 깜짝 놀라다 | 真相 zhēnxiàng ㊔ 진상 | 穿着 chuānzhuó ㊔ 옷차림 | 结果 jiéguǒ ㊔ 결과 | 导演 dǎoyǎn ㊔ 감독

진준·성구현의
음원 바로 듣기

DAY 032

不管前面怎么样，这场比赛才是重头戏。

Bùguǎn qiánmiàn zěnmeyàng, zhè chǎng bǐsài cái shì zhòngtóuxì.

앞이 어떻든 간에, 이 시합이야말로 하이라이트지.

'不管A怎么样，B'는 'A가 어떻든 간에 B하다'는 뜻의 고정격식이에요. 여기서 '不管'은 '~을 막론하고, ~와는 상관없이'의 뜻입니다.

확장연습

1. 不管情况怎么样，我离不开这里。
   Bùguǎn qíngkuàng zěnmeyàng, wǒ lí bu kāi zhèli.
   상황이 어떻든 간에 난 여기를 떠날 수 없어.

2. 不管现在怎么样，我们都要努力工作。
   Bùguǎn xiànzài zěnmeyàng, wǒmen dōu yào nǔlì gōngzuò.
   현재가 어떻든 간에 우린 열심히 일해야 한다.

3. 不管天气怎么样，我都希望你心情好。
   Bùguǎn tiānqì zěnmeyàng, wǒ dōu xīwàng nǐ xīnqíng hǎo.
   날씨가 어떻든 너의 기분이 좋았으면 좋겠어.

PLUS 표현

1 这部电影每一个场面都是重头戏。

Zhè bù diànyǐng měi yí ge chǎngmiàn dōu shì zhòngtóuxì.

이 영화는 모든 장면이 압권이야.

2 品尝美食就是今天活动的重头戏。

Pǐncháng měishí jiù shì jīntiān huódòng de zhòngtóuxì.

맛있는 음식을 맛보는 게 오늘 행사의 하이라이트예요.

'重头戏'는 노래와 동작 또는 표정이 강하게 표현되는 연극이란 뜻인데, 보통 '중요한 포인트, 중요한 임무, 하이라이트'를 나타낼 때 많이 사용해요.

Chapter 04

대화

我出去接一个电话，马上就回来。

Wǒ chūqu jiē yí ge diànhuà, mǎshàng jiù huílai.

나 나가서 전화 한 통만 받고 바로 돌아올게.

那你快一点儿，马上就是今晚的重头戏，千万不能错过。

Nà nǐ kuài yìdiǎnr, mǎshàng jiù shì jīn wǎn de zhòngtóuxì, qiānwàn bù néng cuòguò.

그럼 빨리 와. 곧 오늘 저녁의 하이라이트야. 절대 놓쳐서는 안 돼.

단어 比赛 bǐsài ㉠ 시합, 경기 | 重头戏 zhòngtóuxì ㉠ 하이라이트, 압권 | 情况 qíngkuàng ㉠ 상황 | 场面 chǎngmiàn ㉠ 장면 | 品尝 pǐncháng ㉡ 맛보다 | 美食 měishí ㉠ 맛있는 음식 | 错过 cuòguò ㉡ 놓치다, 지나치다

진준 · 성구현의
음원 바로 듣기

DAY 033

我喜欢音乐，听音乐让我感到很舒服。

Wǒ xǐhuan yīnyuè, tīng yīnyuè ràng wǒ gǎndào hěn shūfu.

나는 노래를 좋아해. 음악 감상은 나를 편안하게 해줘.

뒤 절에서의 '我'는 술어 1(让)의 목적어 역할을 하기도 하고, 술어 2(感到)의 주어 역할을 하기도 해요. 이렇게 한 단어가 두 가지 문장성분을 겸하고 있는 문장을 겸어문이라고 해요. 겸어문에서 술어 1 자리에는 보통 '让, 叫, 使'과 같은 사역동사가 오는 것을 기억해야 해요.

확장연습

1 你的话让我感到很幸福。

Nǐ de huà ràng wǒ gǎndào hěn xìngfú.

너의 말은 나를 아주 행복하게 해.

2 这件事让我感到很刺激。

Zhè jiàn shì ràng wǒ gǎndào hěn cìjī.

이 일은 나를 너무 짜릿하게 해.

3 他的声音让我感到很紧张。

Tā de shēngyīn ràng wǒ gǎndào hěn jǐnzhāng.

그의 목소리는 나를 아주 긴장하게 해.

PLUS 표현

1 吃了医生开的药，马上就感到很舒服。

Chī le yīshēng kāi de yào, mǎshàng jiù gǎndào hěn shūfu.

의사 선생님이 처방해주신 약을 먹으니, 바로 나아졌네.

2 小区的环境很美，让人感到很舒服。

Xiǎoqū de huánjìng hěn měi, ràng rén gǎndào hěn shūfu.

단지의 환경이 아름다워서, 정말 느낌이 편안해.

'舒服'는 '편안하다'의 뜻으로 육체적인 편안함 또는 심리적인 편안함을 두루 표현할 수 있어요. 따라서 부담감이 줄었을 때, 아픈 것이 나았을 때, 불편한 느낌이 없어졌을 때 등의 여러 상황에서 사용할 수 있어요.

대화

累了一天了，回到家里洗个澡，让人感到很舒服。

Lèi le yìtiān le, huí dào jiā li xǐ ge zǎo, ràng rén gǎndào hěn shūfu.

하루 종일 피곤했는데, 집에 돌아와 씻고 나니 정말 편하다.

没错，哪里都不如家里好。

Méi cuò, nǎli dōu bùrú jiā li hǎo.

맞아, 집보다 좋은 곳은 없어. (어디든 집보다 못해.)

단어 幸福 xìngfú ⓗ 행복하다 | 刺激 cìjī ⓢ 자극하다 | 开 kāi ⓢ 처방하다 | 小区 xiǎoqū ⓜ 단지

DAY 034

为了安全起见，许多血腥的镜头都被删了。

Wèile ānquán qǐjiàn, xǔduō xuèxīng de jìngtóu dōu bèi shān le.

안전을 위해서 많은 잔인한 장면들은 다 삭제되었다.

'为了' 자체만으로도 '~을 위하여'의 뜻이 되지만, 뒤에 '起见'을 붙이면 '~을 위해서, ~을 고려해서'의 뜻으로, 좀 더 공식적인 의미가 강해져요.

확장연습

1 为了安全起见，请大家系好安全带。

Wèile ānquán qǐjiàn, qǐng dàjiā jì hǎo ānquándài.

안전을 위해서 안전벨트를 잘 착용해 주세요.

2 为了公平起见，我们抽签决定。

Wèile gōngpíng qǐjiàn, wǒmen chōu qiān juédìng.

공평하기 위해서 우린 제비뽑기로 결정한다.

3 为了方便起见，我们把这个业务进行了分工。

Wèile fāngbiàn qǐjiàn, wǒmen bǎ zhège yèwù jìnxíng le fēn gōng.

좀 더 편하게 하기 위해 이 업무를 분담해서 진행하기로 했다.

PLUS 표현

1 糟糕！很多资料被删了。

Zāogāo! Hěn duō zīliào bèi shān le.

맙소사! 많은 자료들이 삭제되었네.

2 手机内存容量不够，照片被删了。

Shǒujī nèicún róngliàng bú gòu, zhàopiàn bèi shān le.

휴대전화의 메모리 용량이 부족해서 사진이 지워졌어.

대화

你看到电脑桌面上的那份资料了吗？
我找不到了。

Nǐ kàn dào diànnǎo zhuōmiàn shang de nà fèn zīliào le ma?
Wǒ zhǎo bu dào le.

너 컴퓨터 바탕화면 상의 그 자료 봤니? 못 찾겠어.

对不起，我今天早上用电脑了，资料被删了。

Duìbuqǐ, wǒ jīntiān zǎoshang yòng diànnǎo le, zīliào bèi shān le.

미안해. 오늘 아침에 컴퓨터 쓰다가, 자료가 삭제되었어.

단어 血腥 xuèxīng 형 피비린내 나는 | 镜头 jìngtóu 명 장면, 신(scene) | 删 shān 동 지우다 | 系 jì 동 매다, 묶다 | 抽签 chōu qiān 동 제비를 뽑다 | 内存 nèicún 명 메모리 | 容量 róngliàng 명 용량

DAY 035

진준·성구현의 음원 바로 듣기

他一有时间就看书，这也是他唯一的爱好。

Tā yì yǒu shíjiān jiù kàn shū, zhè yě shì tā wéiyī de ài' hào.

그는 시간만 있으면 책을 봐. 이게 그의 유일한 취미야.

'단지, 다만'의 뜻인 '唯'와 '一'를 합치면 '유일한, 하나밖에 없는, 독점의'라는 뜻이 되고, 주로 '的'와 함께 쓰이는 경우가 많아요.

확장연습

1. 这是唯一的出路。
   Zhè shì wéiyī de chūlù.
   이것이 유일한 출구이다.

2. 这是我唯一的妹妹。
   Zhè shì wǒ wéiyī de mèimei.
   이 아이가 내 하나뿐인 여동생이다.

3. 他是我唯一的学生。
   Tā shì wǒ wéiyī de xuésheng.
   그가 내 유일한 학생이다.

PLUS 표현

1 他这个人坐不住，一有时间就去旅行。

Tā zhège rén zuò bu zhù, yì yǒu shíjiān jiù qù lǚxíng.

그는 가만있지를 못해, 틈만 나면 여행 간다니까.

2 一有时间就想玩儿，还没有玩儿够吗?

Yì yǒu shíjiān jiù xiǎng wánr, hái méiyǒu wánr gòu ma?

틈만 나면 놀 생각을 하면서도 아직 부족하니?

대화

过去上学的时候，你好像很好动，但现在好像变了。

Guòqù shàng xué de shíhou, nǐ hǎoxiàng hěn hào dòng, dàn xiànzài hǎoxiàng biàn le.

예전에 학교 다닐 때는 움직이기 좋아하는 거 같더니, 지금은 변한 거 같아.

开始上班以后，我一有时间就想睡觉，不像以前了。

Kāishǐ shàng bān yǐhòu, wǒ yì yǒu shíjiān jiù xiǎng shuì jiào, bú xiàng yǐqián le.

출근한 뒤부터 나는 틈만 나면 졸려, 예전 같지 않아.

'好'는 원래 3성 글자이지만 '~을 즐긴다'의 뜻으로 쓰일 때는 4성으로 바뀌어요. 예를 들어 '好动'은 '움직이는 것을 좋아한다'는 뜻이고 '好客'는 '손님 대접을 좋아한다'는 뜻이에요.

단어 唯一 wéiyī ⓗ 유일한, 하나밖에 없는 | 出路 chūlù ⓜ 출구 | 好动 hào dòng 움직이기 좋아하다

진준 · 성구현의
음원 바로 듣기

DAY 036

柴油汽车虽然能省燃料费，但是对环境有很大的危害。

Cháiyóu qìchē suīrán néng shěng ránliàofèi, dànshì duì huánjìng yǒu hěn dà de wēihài.

디젤 자동차는 연비가 좋지만 환경에는 치명적이야.

'对A有很大的危害'는 'A에 매우 큰 피해가 된다, A에 치명적이다'의 뜻인 고정격식이에요.

확장연습

1 白色污染对环境有很大的危害。
Báisè wūrǎn duì huánjìng yǒu hěn dà de wēihài.
백색 오염은 환경에 치명적이야.

2 对孩子的未来有很大的危害。
Duì háizi de wèilái yǒu hěn dà de wēihài.
아이의 미래에 치명적이야.

3 这种液体对人体有很大的危害。
Zhè zhǒng yètǐ duì réntǐ yǒu hěn dà de wēihài.
이 액체는 인체에 치명적이야.

PLUS 표현

1. 这样你也可以省钱。
   Zhèyàng nǐ yě kěyǐ shěng qián.
   이렇게 하면 너도 돈을 절약할 수 있어.

2. 你一定要省电！
   Nǐ yídìng yào shěng diàn!
   너 반드시 전기를 절약해야 해!

Chapter 04

대화

买东西的时候，尽量不要使用塑料袋。
Mǎi dōngxi de shíhou, jǐnliàng búyào shǐyòng sùliàodài.
물건 살 때 가능한 한 비닐봉지는 쓰지 마세요.

我同意。这些东西对环境有很大的危害。
Wǒ tóngyì. Zhèxiē dōngxi duì huánjìng yǒu hěn dà de wēihài.
저도 동의해요. 그런 물건들이 환경에는 치명적이에요.

'尽量不要 + 행동'이라고 표현하면, 아예 안 하기는 힘들겠지만, 그래도 최대한 하지 말라는 뜻으로 쓰여요.

단어 柴油 cháiyóu ⓜ 디젤 | 省 shěng ⓓ 아끼다, 절약하다 | 燃料 ránliào ⓜ 연료 | 危害 wēihài ⓜ 해 ⓓ 해를 끼치다 | 污染 wūrǎn ⓓ 오염시키다 ⓜ 오염 | 液体 yètǐ ⓜ 액체 | 尽量 jǐnliàng ⓑ 가능한 한 | 塑料袋 sùliàodài ⓜ 비닐봉지

DAY 037

진준 · 성구현의
음원 바로 듣기

我觉得雾霾问题越来越严重了。

Wǒ juéde wùmái wèntí yuèláiyuè yánzhòng le.

미세먼지 문제가 날로 심각해지고 있다고 생각해.

'越来越~'는 '점점~하다'라는 뜻의 관용어예요.

확장연습

1. 我儿子越来越高了。
   Wǒ érzi yuèláiyuè gāo le.
   내 아들 점점 키가 커지네.

2. 最近越来越冷了。
   Zuìjìn yuèláiyuè lěng le.
   요새 점점 추워지네.

3. 汉语越来越难了。
   Hànyǔ yuèláiyuè nán le.
   중국어가 점점 어려워져.

PLUS 표현

1 上下班堵车越来越严重了。

Shàng xià bān dǔ chē yuèláiyuè yánzhòng le.

출퇴근 때 교통체증이 점점 심각해져.

2 我最近失眠越来越严重了。

Wǒ zuìjìn shī mián yuèláiyuè yánzhòng le.

요즘 불면이 점점 심각해져.

Chapter 04

대화

你今天怎么看起来无精打采的？哪里不舒服？

Nǐ jīntiān zěnme kàn qǐlai wú jīng dǎ cǎi de? Nǎli bù shūfu?

너 오늘 왜 기운이 없어 보여? 어디 아파?

我最近失眠越来越严重了，
昨天晚上整晚没睡好。

Wǒ zuìjìn shī mián yuèláiyuè yánzhòng le,
zuótiān wǎnshang zhěngwǎn méi shuì hǎo.

요즘 불면이 점점 심각해져서 어제저녁에 밤새 못 잤어.

'整晚'은 '밤새도록'의 의미로 '一晚' 또는 '一整晚' 등의 표현으로 바꿀 수 있어요.

단어 雾霾 wùmái ㉢ 미세먼지 | 越来越~ yuèláiyuè 점점 ~하다 | 失眠 shī mián ㉣ 불면하다, 잠을 이루지 못하다 | 无精打采 wú jīng dǎ cǎi ㉦ 기운이 없다 | 整晚 zhěngwǎn 밤새, 온밤

진준 · 성구현의 음원 바로 듣기

DAY 038

千万不可以乱扔垃圾。

Qiānwàn bù kěyǐ luàn rēng lājī.

절대 쓰레기를 함부로 버리면 안 돼.

'千万'은 '절대'라는 뜻의 부사로써 뒤에는 금지를 나타내는 '不可以, 不要, 别' 등의 표현이 자주 와요.

확장연습

1 你千万不要迟到！

Nǐ qiānwàn búyào chídào!

절대 지각하지 마!

2 千万别错过机会！

Qiānwàn bié cuòguò jīhuì!

절대 기회 놓치지 마!

3 你千万不要抽烟!

Nǐ qiānwàn búyào chōu yān!

절대 담배 피우면 안 돼!

PLUS 표현

1 重要的东西千万不要乱放。

Zhòngyào de dōngxi qiānwàn búyào luàn fàng.

중요한 물건은 절대 함부로 놓아서는 안 돼요.

2 生病了，千万不要乱吃东西。

Shēng bìng le, qiānwàn búyào luàn chī dōngxi.

아플 때는 절대 함부로 뭘 먹으면 안 돼.

'乱'이 형용사로 쓰일 때는 '어지럽다, 혼란스럽다'의 의미로 쓰이지만, 뒤에 행동이 붙을 때는 '함부로~하다'의 의미를 나타내요.

Chapter 04

대화

这些垃圾是谁扔的？怎么可以乱扔垃圾呢？

Zhèxiē lājī shì shéi rēng de? Zěnme kěyǐ luàn rēng lājī ne?

이 쓰레기들 누가 버린 거야? 어떻게 함부로 쓰레기를 버릴 수 있지?

不好意思，我刚才忘了拿出去，现在就把它扔垃圾桶里。

Bù hǎoyìsi, wǒ gāngcái wàng le ná chūqu, xiànzài jiù bǎ tā rēng lājītǒng li.

미안해, 방금 가지고 나가는 걸 잊었어. 바로 쓰레기통에 버릴게.

단어 乱 luàn ㊄ 함부로 | 垃圾 lājī ㊔ 쓰레기 | 错过 cuòguò ㊍ 놓치다 | 垃圾桶 lājītǒng ㊔ 쓰레기통

진준·성구현의
음원 바로 듣기

DAY 039

空调会导致很多环境问题。

Kōngtiáo huì dǎozhì hěn duō huánjìng wèntí.

에어컨은 많은 환경 문제를 야기해.

'导致'은 '야기하다, 초래하다'라는 뜻의 동사로써 뒤에는 항상 부정적인 결과가 와요.

확장연습

1. 漏水会导致漏电。
   Lòu shuǐ huì dǎozhì lòu diàn.
   누수는 누전을 일으킬 수 있어.

2. 会导致功能丧失。
   Huì dǎozhì gōngnéng sàngshī.
   기능 상실을 초래할 것이다.

3. 导致了他的辞职。
   Dǎozhì le tā de cí zhí.
   그의 사직을 초래했다.

PLUS 표현

1. 一次小小的失误导致了很多问题。
Yí cì xiǎoxiǎo de shīwù dǎozhì le hěn duō wèntí.
한 번의 작은 실수가 많은 문제를 초래했다.

2. 两个人之间的矛盾导致了很多问题。
Liǎng ge rén zhījiān de máodùn dǎozhì le hěn duō wèntí.
두 사람 사이의 갈등이 많은 문제를 야기했다.

대화

这次的活动对我们公司非常重要，千万不能马虎。
Zhè cì de huódòng duì wǒmen gōngsī fēicháng zhòngyào, qiānwàn bù néng mǎhu.
이번 행사는 우리 회사에 매우 중요해, 절대 대충대충 하면 안 돼.

没错，小小的失误会导致很大的问题。
Méi cuò, xiǎoxiǎo de shīwù huì dǎozhì hěn dà de wèntí.
맞아. 작은 실수가 큰 문제를 초래할 거야.

단어 导致 dǎozhì ⓢ 야기하다, 초래하다 | 漏水 lòu shuǐ ⓢ 물이 새다 | 漏电 lòu diàn ⓢ 전기가 새다 | 功能 gōngnéng ⓜ 기능 | 丧失 sàngshī ⓢ 상실하다 | 辞职 cí zhí ⓢ 사직하다, 퇴사하다 | 矛盾 máodùn ⓜ 갈등 | 马虎 mǎhu ⓗ 소홀하다

DAY 040

진준·성구현의 음원 바로 듣기

对于我们来说，改善环境是首要的问题。

Duìyú wǒmen lái shuō, gǎishàn huánjìng shì shǒuyào de wèntí.

우리에게는 환경문제가 가장 먼저 해결해야 할 급선무이다.

'对(于)~来说'는 '~에게는, ~에 대해'라는 뜻의 고정격식이에요.

확장연습

1. 对我来说，这个问题太难了。
   Duì wǒ lái shuō, zhège wèntí tài nán le.
   나한테는 이 문제가 너무 어려워.

2. 对于老师来说，这道题很简单。
   Duìyú lǎoshī lái shuō, zhè dào tí hěn jiǎndān.
   선생님한테는 이 문제가 아주 쉬워.

3. 对外国人来说，辣白菜很辣。
   Duì wàiguórén lái shuō, làbáicài hěn là.
   외국인한테는 김치가 매워.

PLUS 표현

1 学习是学生的首要任务。

Xuéxí shì xuésheng de shǒuyào rènwu.

공부는 학생의 가장 중요한 임무야.

2 我们应该把安全放在首要位置。

Wǒmen yīnggāi bǎ ānquán fàng zài shǒuyào wèizhi.

우리는 안전을 가장 중요하게 생각해야 해요.

'首要'는 '가장 중요하다'는 뜻의 형용사로 뒤에 명사를 동반하는데, '首要' 뒤에 '的'를 붙여도 되고, 생략해도 돼요. 그런데, 앞에 '最'와 같은 부사가 있을 경우에는 생략이 불가능해요.

대화

你觉得怎样可以更好地保护环境?

Nǐ juéde zěnyàng kěyǐ gèng hǎo de bǎohù huánjìng?

네 생각에 어떻게 하면 환경을 더 잘 보호할 수 있겠니?

我认为减少垃圾的量是最首要的问题。

Wǒ rènwéi jiǎnshǎo lājī de liàng shì zuì shǒuyào de wèntí.

내 생각에는 쓰레기양을 줄이는 게 제일 급선무야.

단어 改善 gǎishàn ⓢ 개선하다 | 首要 shǒuyào ⓗ 가장 중요하다 | 辣白菜 làbáicài ⓜ 김치 | 位置 wèizhi ⓜ 위치 | 减少 jiǎnshǎo ⓢ 감소하다, 줄이다

우리말에 맞게 중국어로 써 본 후 문장을 읽어 보세요.

1 난 이 책을 처음부터 끝까지 다 봤다. (从~到~)

➡ ______________________________ 。

2 날씨가 어떻든 너의 기분이 좋았으면 좋겠어. (不管~怎么样)

➡ ______________________________ 。

3 그의 목소리는 나를 아주 긴장하게 해. (让)

➡ ______________________________ 。

4 공평하기 위해서 우린 제비뽑기로 결정한다. (为了~起见)

➡ ______________________________ 。

5 이 아이가 내 하나뿐인 여동생이다. (唯一的)

➡ ______________________________ 。

6 백색 오염은 환경에 치명적이야. (对~有很大的危害)

➡ ______________________________ 。

7 중국어가 점점 어려워져. (越来越~)

➡ ______________________________ 。

8 절대 기회 놓치지 마! (千万)

➡ ______________________________ !

9 누수는 누전을 일으킬 수 있어. (导致)

➡ ______________________________ 。

10 나한테는 이 문제가 너무 어려워. (对~来说)

➡ ______________________________ 。

정답 p.250

진준 · 성구현의
음원 바로 듣기

진준의 心灵鸡汤

* 心灵鸡汤 xīnlíng jītāng : 마음을 치유해 주는 이야기

健康

没有一种财富能够比得上健康，也没有一个敌人能够比得过病魔。

Méiyǒu yì zhǒng cáifù nénggòu bǐ de shàng jiànkāng, yě méiyǒu yí ge dírén nénggòu bǐ de guò bìngmó.

与其等到生病后黯然流泪，还不如迈出脚下的一步，
为生命增添活力。

Yǔqí děngdào shēng bìng hòu ànrán liú lèi, hái bùrú màichū jiǎoxià de yí bù, wèi shēngmìng zēngtiān huólì.

人最大的财富是希望，人生最大的本钱是健康。

Rén zuì dà de cáifù shì xīwàng, rénshēng zuì dà de běnqián shì jiànkāng.

为了自己，也为了爱你和你爱的人，坚持锻炼，保持健康，远离病魔。

Wèile zìjǐ, yě wèile ài nǐ hé nǐ ài de rén, jiānchí duànliàn, bǎochí jiànkāng, yuǎn lí bìngmó.

这样，生活才能够更加美好。

Zhèyàng, shēnghuó cái nénggòu gèngjiā měihǎo.

건강

어떤 부도 건강에 비할 수 없고, 또 어떤 적도 병마에 견줄 수 없다.
아프고 난 뒤에 참담한 눈물을 흘리느니, 차라리 한 걸음 내디뎌 생명에 활력을 불어 넣는 게 낫다.
사람에게 있어서 가장 큰 부는 희망이고, 인생에 있어서 가장 큰 밑천은 건강이다.
자신을 위해서, 그리고 당신을 사랑하는 사람과 당신이 사랑하는 사람을 위해서 꾸준히 운동하고, 건강을 유지하며, 병마를 멀리해야 한다.
그래야만 삶이 더 아름다워질 것이다.

진짜
중국어

Chapter 05

진준 · 성구현의
음원 바로 듣기

DAY 041

这里的蛋糕很受欢迎，我也想开个店，你觉得怎么样?

Zhèli de dàngāo hěn shòu huānyíng, wǒ yě xiǎng kāi ge diàn, nǐ juéde zěnmeyàng?

여기 케이크는 인기가 굉장해. 나도 가게 하나 차릴까? 네 생각은 어때?

'受欢迎'은 직역하면 '환영을 받다'의 뜻인데, 보통 '인기가 많다'의 뜻으로 쓰여요. '受~的欢迎'이라고 하면 '~의 인기를 얻는다'의 뜻이 됩니다.

확장연습

1. 这部电影很受大家的欢迎。
   Zhè bù diànyǐng hěn shòu dàjiā de huānyíng.
   이 영화는 모두의 사랑을 받아요.

2. 他的演技非常受欢迎。
   Tā de yǎnjì fēicháng shòu huānyíng.
   그의 연기는 매우 인기 있어요.

3. 他的课特别受欢迎。
   Tā de kè tèbié shòu huānyíng.
   그의 수업은 정말 인기 있어요.

PLUS 표현

1 这家店的饭菜很合我的口味，你觉得怎么样?

Zhè jiā diàn de fàncài hěn hé wǒ de kǒuwèi, nǐ juéde zěnmeyàng?

이 가게의 음식은 내 입맛에 딱 맞아. 너는 어때?

2 除了味道，气氛也很重要，你觉得怎么样?

Chúle wèidao, qìfēn yě hěn zhòngyào, nǐ juéde zěnmeyàng?

맛 이외에 분위기도 중요해. 너는 어때?

Chapter 05

대화

一家好的餐厅，除了味道，气氛也很重要，你觉得怎么样?

Yì jiā hǎo de cāntīng, chúle wèidao, qìfēn yě hěn zhòngyào, nǐ juéde zěnmeyàng?

좋은 레스토랑은 맛 이외에 분위기도 중요해. 너는 어때?

没错，我同意你的想法，但是最重要的还是味道。

Méi cuò, wǒ tóngyì nǐ de xiǎngfǎ, dànshì zuì zhòngyào de háishi wèidao.

맞아. 나도 네 생각에 동의해. 그러나 제일 중요한 건 역시 맛이야.

단어 演技 yǎnjì ⓜ 연기 | 合 hé ⓓ 맞다 | 口味 kǒuwèi ⓜ 입맛 | 味道 wèidao ⓜ 맛 | 气氛 qìfēn ⓜ 분위기

진준·성구현의
음원 바로 듣기

DAY 042

这里的菜很特别，特别是炒饭，吃了还想吃。

Zhèli de cài hěn tèbié, tèbié shì chǎofàn, chī le hái xiǎng chī.

여기 요리가 아주 특별해! 특히 볶음밥! 먹어도 또 먹고 싶어.

여러 개 중 '특히 ~이 좋다'라고 할 때 '特别是~' 표현을 써요.
강조할 때 많이 쓰는 표현입니다.

확장연습

1 你真漂亮啊！特别是鼻子！

Nǐ zhēn piàoliang a! Tèbié shì bízi!

너 진짜 예쁘다! 특히 코!

2 我们班的同学都很聪明，特别是金君。

Wǒmen bān de tóngxué dōu hěn cōngming, tèbié shì Jīn Jūn.

우리 반 학생은 모두 똑똑해. 특히 진준.

3 这家餐厅的饭菜特别好吃，特别是鱼香肉丝。

Zhè jiā cāntīng de fàncài tèbié hǎochī, tèbié shì yúxiāngròusī.

여기 음식점 음식들 정말 맛있어. 특히 위샹러우쓰.

PLUS 표현

1 这家米其林店，真的吃了还想吃。

Zhè jiā Mǐqílín diàn, zhēn de chī le hái xiǎng chī.

이 미쉐린 레스토랑 정말 먹어도 또 먹고 싶어.

2 我好像上瘾了，吃了还想吃。

Wǒ hǎoxiàng shàng yǐn le, chī le hái xiǎng chī.

나 중독된 거 같아. 먹어도 계속 먹고 싶어.

'吃了还想吃'은 '먹어도 또 먹고 싶다'는 뜻으로 맛있음을 강조한 표현이에요. 2번 문장의 '上瘾'은 '중독되다'는 의미인데, '中毒 zhòng dú'와 구별해야 해요. '中毒'는 마약과 같은 유해 물질에 중독되었음을 뜻해요. 먹거리나 볼거리에 빠져서 계속하게 되는 것에는 꼭 '上瘾'을 써야 해요.

Chapter 05

대화

怎么样？我说的没错吧？这家是米其林厨师店。

Zěnmeyàng? Wǒ shuō de méi cuò ba? Zhè jiā shì Mǐqílín chúshī diàn.

어때? 내 말이 맞지? 여기 미쉐린 셰프가 있는 레스토랑이야.

真的太好吃了，吃了还想吃！我得经常来。

Zhēn de tài hǎochī le, chī le hái xiǎng chī! Wǒ děi jīngcháng lái.

정말 맛있다. 먹어도 계속 먹고 싶어! 여기 자주 와야겠어.

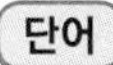 단어 炒饭 chǎofàn 명 볶음밥 | 鱼香肉丝 Yúxiāngròusī 고유 위샹러우쓰 | 米其林 Mǐqílín 고유 미쉐린 | 上瘾 shàng yǐn 동 중독되다, 인이 박이다 | 厨师 chúshī 명 셰프, 요리사

DAY 043

진준 · 성구현의
음원 바로 듣기

我们的菜什么时候上？你帮我催一下。

Wǒmen de cài shénme shíhou shàng? Nǐ bāng wǒ cuī yíxià.

음식이 언제 나오는 거죠? 독촉 좀 해주세요.

'帮'은 원래 '도와주다'라는 뜻의 동사로, 중국어에서 'A帮B' 표현을 많이 써요.
직역하면 'A가 B를 도와주다'의 뜻인데, 보통 '~대신 ~을 해주다'의 의미로 쓰여 무엇을 부탁하거나, 요청할 때 많이 사용해요.

확장연습

1. 你帮我找一下。
   Nǐ bāng wǒ zhǎo yíxià.
   나 대신 찾아줘.

2. 我帮你写。
   Wǒ bāng nǐ xiě.
   내가 대신 써줄게.

3. 帮我照顾我儿子。
   Bāng wǒ zhàogù wǒ érzi.
   나 대신 내 아들 좀 돌봐줘.

PLUS 표현

1 他真是个慢性子，你帮我去催一下。

Tā zhēn shì ge mànxìngzi, nǐ bāng wǒ qù cuī yíxià.

그는 정말 성격이 느긋해, 네가 대신 독촉 좀 해줘.

2 这都几点了还没到，快打电话催一下。

Zhè dōu jǐ diǎn le hái méi dào, kuài dǎ diànhuà cuī yíxià.

지금 몇 신데 아직 안 왔어, 빨리 전화해서 재촉 좀 해.

대화

我现在饿得前胸贴后背了！这都几点了！

Wǒ xiànzài è de qián xiōng tiē hòu bèi le! Zhè dōu jǐ diǎn le!

지금 너무 배고파서 가슴이 등에 붙었어! 지금 벌써 몇 시야!

可能今天订餐的人太多了，我这就打电话催一下。

Kěnéng jīntiān dìng cān de rén tài duō le, wǒ zhè jiù dǎ diànhuà cuī yíxià.

아마 오늘 주문하는 손님들이 않은가 봐. 바로 전화해서 재촉 좀 할게.

'胸'은 가슴, '背'는 등이란 뜻이죠. '贴'는 '붙다'라는 뜻이고요. 즉 '前胸贴后背' 이 표현은 '앞 가슴이 뒤 등과 붙었다'라고 직역할 수 있어요. 우리말에도 극도의 배고픔을 표현할 때 '등가죽이 배에 붙었다'라고 표현할 때가 있죠. 중국어는 반대로 표현하지만 똑같은 의미랍니다.

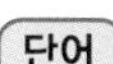

단어 催 cuī 동 독촉하다, 재촉하다 | 照顾 zhàogù 동 돌보다 | 慢性子 mànxìngzi 명 굼벵이, 동작이 느린 사람 형 성격이 굼뜨다 | 胸 xiōng 명 가슴 | 背 bèi 명 등 | 订餐 dìng cān 음식을 주문하다

진준·성구현의 음원 바로 듣기

DAY 044

今天我请你吃饭，想吃什么随便点，不用客气。

Jīntiān wǒ qǐng nǐ chī fàn, xiǎng chī shénme suíbiàn diǎn, búyòng kèqi.

오늘 내가 한턱 쏜다! 먹고 싶은 거 마음껏 시켜, 부담갖지 말고.

문장 앞에 '请'을 붙이면 '~하세요'라는 부탁의 어감으로 쓰이지만, 위의 문장과 같이 겸어문에 쓰여 뒤에 '吃, 喝, 看' 등의 동사와 함께 쓰이면 '~에게 ~을(를) 대접하다'의 의미가 돼요.

확장연습

1. 今天我请大家吃顿饭！
   Jīntiān wǒ qǐng dàjiā chī dùn fàn!
   오늘 제가 여러분에게 밥 한 끼 쏠게요!

2. 你什么时候请我吃北京烤鸭？
   Nǐ shénme shíhou qǐng wǒ chī Běijīng kǎoyā?
   너 언제 베이징 카오야 사줄 거야?

3. 请你喝杯咖啡。
   Qǐng nǐ hē bēi kāfēi.
   너한테 커피 한 잔 살게.

PLUS 표현

1 有什么话就直说，不用客气。

Yǒu shénme huà jiù zhí shuō, búyòng kèqi.

하고 싶은 말 있으면 해, 부담 갖지 말고.

2 就像在家里一样，你随便吃，不用客气。

Jiù xiàng zài jiā li yíyàng, nǐ suíbiàn chī, búyòng kèqi.

내 집처럼 편하게 먹어. 부담 갖지 말고.

'不用客气'는 고맙다는 인사를 하는 사람한테 '별말씀을요', '사양하지 마세요' 등의 뜻으로 쓰이기도 하지만, 접대하거나 놀러 온 손님한테 '부담 갖지 마세요' 또는 '편하게 하세요'라는 의미로도 자주 사용돼요.

Chapter 05

대화

今天的晚饭这么丰盛，我都不好意思动筷子了。

Jīntiān de wǎnfàn zhème fēngshèng, wǒ dōu bù hǎoyìsi dòng kuàizi le.

오늘 저녁이 왜 이렇게 푸짐해, 미안해서 젓가락을 못 들겠네.

你不用客气，今天是我做东，你随便吃！

Nǐ búyòng kèqi, jīntiān shì wǒ zuò dōng, nǐ suíbiàn chī!

부담 갖지 마, 오늘은 내가 사는 거야(주인 노릇 할게). 마음껏 먹어!

단어 顿 dùn 양 끼니를 세는 단위 | 北京烤鸭 Běijīng kǎoyā 고유 베이징 카오야, 북경 오리구이 | 丰盛 fēngshèng 형 푸짐하다, 풍성하다 | 筷子 kuàizi 명 젓가락 | 做东 zuò dōng 한턱 내다, 주인 노릇 하다

진준 · 성구현의 음원 바로 듣기

吃得太辣对身体不好，搞不好会伤到胃。

Chī de tài là duì shēntǐ bù hǎo, gǎo bu hǎo huì shāng dào wèi.

매운 걸 너무 많이 먹으면 몸에 안 좋아. 잘못하면 위가 상해.

'搞'는 원래 '하다, 처리하다'의 의미인데 '搞不好'가 고정격식 처럼 사용되어 '잘못하면, 자칫하면'의 뜻으로 많이 쓰여요.

확장연습

1. 你现在赶过去吧，搞不好你也会迟到的。
   Nǐ xiànzài gǎn guòqu ba, gǎo bu hǎo nǐ yě huì chídào de.
   너 지금 빨리 가야 해, 잘못하면 너도 지각할 거야.

2. 你应该好好处理，搞不好要被开除了。
   Nǐ yīnggāi hǎohāo chǔlǐ, gǎo bu hǎo yào bèi kāichú le.
   너 잘 처리해야 해, 자칫하면 잘릴 수도 있어.

3. 搞不好我要死了。
   Gǎo bu hǎo wǒ yào sǐ le.
   잘못하면 내가 죽겠다.

PLUS 표현

1 要按时吃饭，伤到胃就不好了。

Yào ànshí chī fàn, shāng dào wèi jiù bù hǎo le.

제시간에 밥을 먹어야지, 위 나빠지면 안 돼.

2 不可以空着肚子喝酒，会伤到胃。

Bù kěyǐ kōng zhe dùzi hē jiǔ, huì shāng dào wèi.

빈속에 술 마시면 안 돼. 위 상해.

'伤到胃'는 '위를 상하게 하다'라는 뜻인데 이 형식을 응용해서 '伤到 + 신체 부위'라고 쓰면 어떤 원인으로 인해 신체 부위를 다치게 되거나 상하게 되었음을 뜻해요.

예 经常熬夜，伤到眼睛了。
Jīngcháng áo yè, shāng dào yǎnjing le.
자주 밤을 새서, 눈이 나빠졌어.

대화

工作忙归忙，但是要记得按时吃饭。伤到身体就不好了。

Gōngzuò máng guī máng, dànshì yào jìde ànshí chī fàn. Shāng dào shēntǐ jiù bù hǎo le.

일이 바쁘더라도 제때 밥 먹는 건 기억해. 몸 상하면 안 돼.

好的，我会注意的，做完这个就去吃饭。

Hǎo de, wǒ huì zhùyì de, zuò wán zhège jiù qù chī fàn.

네, 주의할게요. 이것만 다 하고 가서 먹을게요.

'A归A'는 'A하더라도, A이지만'의 뜻을 나타내는 고정격식이에요.

단어 搞不好 gǎo bu hǎo 잘못하면, 자칫하면 | 胃 wèi 명 위 | 开除 kāichú 동 해고하다, 자르다 | 肚子 dùzi 명 배 | 按时 ànshí 부 제때에, 제시간에

진준·성구현의
음원 바로 듣기

DAY
046

父母对孩子的影响非常大，要事事小心。

Fùmǔ duì háizi de yǐngxiǎng fēicháng dà, yào shì shì xiǎoxīn.

부모가 자식에게 미치는 영향은 크므로, 항상 주의해야 한다.

'对~影响'은 '~에 대한 영향'이라는 뜻의 고정격식으로 뒤에 '大(크다), 小(작다)' 등의 형용사를 동반할 수 있어요.

확장연습

1 那本书对我的影响非常大。

Nà běn shū duì wǒ de yǐngxiǎng fēicháng dà.

그 책이 나에게 미치는 영향은 매우 컸어.

2 我爷爷对我爸的影响极为大。

Wǒ yéye duì wǒ bà de yǐngxiǎng jíwéi dà.

할아버지는 아빠에게 지대한 영향을 끼쳤어.

3 美国对韩国的影响不小。

Měiguó duì Hánguó de yǐngxiǎng bù xiǎo.

미국이 우리나라에 미치는 영향은 작지 않아.

PLUS 표현

1 出门在外安全是第一位，要事事小心。

Chū mén zài wài ānquán shì dì-yī wèi, yào shì shì xiǎoxīn.

집 밖에서는 안전이 최우선이야. 매사 조심해야 해.

2 一定要事事小心，不要做出后悔的事情。

Yídìng yào shì shì xiǎo xīn, búyào zuò chū hòuhuǐ de shìqing.

매사 조심해, 후회할 일 만들지 말고.

Chapter 05

대화

今天的活动非常重要，对我们公司的影响也很大。

Jīntiān de huódòng fēicháng zhòngyào, duì wǒmen gōngsī de yǐngxiǎng yě hěn dà.

오늘 행사는 매우 중요해, 우리 회사에도 영향이 커.

没错，所以一定要事事小心，千万不能大意。

Méi cuò, suǒyǐ yídìng yào shì shì xiǎoxīn, qiānwàn bù néng dàyi.

맞아, 매사에 조심해야 해. 절대 대충하면 안 돼.

'大意'는 어떤 일을 하거나 어떤 상황을 마주할 때, 쉽게 생각해서 대충대충 하거나 매우 소홀히 하는 태도를 말해요. 보통은 '不要大意', '不可以大意'와 같은 방식으로 사용해요.

단어 影响 yǐngxiǎng ⓜ 영향 ⓓ 영향을 주다 | 事事 shì shì ⓜ 모든 일, 만사 | 后悔 hòuhuǐ ⓓ 후회하다

DAY 047

진준·성구현의 음원 바로 듣기

背单词不要死记硬背，应该学会理解。

Bèi dāncí búyào sǐ jì yìng bèi, yīnggāi xué huì lǐjiě.

단어 암기할 때 무턱대고 외우면 안 돼. 이해를 해야지.

'死记硬背'는 성어로 '무턱대고 외우다, 기계적으로 외우다'의 뜻이에요.

확장연습

1 死记硬背没有什么好处。

Sǐ jì yìng bèi méiyǒu shénme hǎochù.

무턱대고 암기하면 좋은 점이 없다.

2 你怎么还在死记硬背呢?

Nǐ zěnme hái zài sǐ jì yìng bèi ne?

넌 어째서 아직도 무턱대고 암기를 하고 있니?

3 千万不要死记硬背。

Qiānwàn búyào sǐ jì yìng bèi.

절대로 무턱대고 암기하면 안 돼.

PLUS 표현

1 不要只想着自己，应该学会理解他人。

Búyào zhǐ xiǎng zhe zìjǐ, yīnggāi xué huì lǐjiě tārén.

자신만을 생각하지 말고, 타인을 이해하는 법을 배워야 해.

2 在生活中，学会理解对方是非常重要的。

Zài shēnghuó zhōng, xué huì lǐjiě duìfāng shì fēicháng zhòngyào de.

생활 속에서 상대를 이해하는 것은 매우 중요해.

대화

我觉得这些单词太难了，都不想继续学了。

Wǒ juéde zhèxiē dāncí tài nán le, dōu bù xiǎng jìxù xué le.

이 단어들이 너무 어려워서 계속 배우기 싫어졌어.

学习的时候，不能死记硬背，应该学会理解。

Xuéxí de shíhou, bù néng sǐ jì yìng bèi, yīnggāi xué huì lǐjiě.

공부할 때 기계적으로 외우면 안 돼. 이해를 해야지.

단어 死记硬背 sǐ jì yìng bèi ⓢ 무턱대고 암기하다, 기계적으로 암기하다 | 理解 lǐjiě ⓓ 이해하다 | 对方 duìfāng ⓜ 상대방

DAY 048

差点儿没考上，吓死我了！

Chàdiǎnr méi kǎo shàng, xià sǐ wǒ le!

하마터면 시험에 떨어질 뻔했어. 놀랐네!

'差点儿~'은 '하마터면 ~할 뻔했다'의 뜻으로 뒤에 원치 않는 상황이 오면 '差点儿没~'로도 표현이 가능해요.

확장연습

1. 我差点儿就迟到了。
   Wǒ chàdiǎnr jiù chídào le.
   我差点儿没迟到。
   Wǒ chàdiǎnr méi chídào.
   나는 하마터면 지각할 뻔했다.

2. 老师差点儿没摔倒。
   Lǎoshī chàdiǎnr méi shuāi dǎo.
   老师差点儿摔倒了。
   Lǎoshī chàdiǎnr shuāi dǎo le.
   선생님은 하마터면 넘어질 뻔했다.

PLUS 표현

1 我还以为是小偷，吓死我了！

Wǒ hái yǐwéi shì xiǎotōu, xià sǐ wǒ le!

도둑인 줄 알았네. 깜짝 놀랐잖아!

2 吓死我了，你怎么走路没有声音！

Xià sǐ wǒ le, nǐ zěnme zǒu lù méiyǒu shēngyīn!

깜짝이야, 너 왜 소리도 없이 걸어와!

대화

怎么这么晚了才回来，我还以为出什么事了，你吓死我了！

Zěnme zhème wǎn le cái huílai, wǒ hái yǐwéi chū shénme shì le, nǐ xià sǐ wǒ le!

왜 이렇게 늦게 돌아왔어. 난 또 무슨 일 난 줄 알았잖아. 놀랐네!

对不起，让你担心了。路上太堵了，而且手机也没电了。

Duìbuqǐ, ràng nǐ dān xīn le. Lùshang tài dǔ le, érqiě shǒujī yě méi diàn le.

미안해, 걱정했구나. 길에 차가 너무 막혔는데, 휴대전화도 배터리가 떨어졌었어.

단어 吓 xià ⓢ 놀라게 하다 | 迟到 chídào ⓢ 지각하다 | 摔倒 shuāi dǎo ⓢ 넘어지다 | 以为 yǐwéi ⓢ ~라고 여기다, ~인 줄 알다 | 小偷 xiǎotōu ⓜ 도둑 | 担心 dān xīn ⓢ 걱정하다 | 堵 dǔ ⓢ 막히다

진준·성구현의 음원 바로 듣기

DAY 049

我看还是在家里学习吧，哪儿都不如家里好。

Wǒ kàn háishi zài jiā li xuéxí ba, nǎr dōu bùrú jiā li hǎo.

아무래도 집에서 공부하는 게 낫겠다. 집이 최고지.

'还是~吧'는 '아무래도 ~하는 게 낫겠다'의 뜻이에요. 이때 뒤에 '吧'는 생략 가능해요.

확장연습

1. 还是回家休息吧。
   Háishi huí jiā xiūxi ba.
   아무래도 집에 가서 쉬는 게 좋겠어.

2. 今天有雨，还是明天去吧。
   Jīntiān yǒu yǔ, háishi míngtiān qù ba.
   오늘 비 온대. 그냥 내일 가자.

3. 还是继续做吧。
   Háishi jìxù zuò ba.
   계속하는 게 좋겠어.

PLUS 표현

1 哪儿都不如家里好，我不想出去。

Nǎr dōu bùrú jiā li hǎo, wǒ bù xiǎng chūqu.

집이 최고야. 나가고 싶지 않아.

2 回到家里才知道，哪儿都不如家里好。

Huí dào jiā li cái zhīdao, Nǎr dōu bùrú jiā li hǎo.

집에 와보니 알겠어. 집이 최고야.

'A不如B'는 'A가 B만 못하다' 즉 'B가 좋다'는 뜻이에요. 보통 '집이 최고다'를 나타내고자 하면 '家里最好'를 떠올리는데, '哪儿都不如家里好, 哪儿都没有家里好'로 표현해야 훨씬 고급스러운 표현이 돼요.

대화

下午一起去图书馆学习，怎么样？

Xiàwǔ yìqǐ qù túshūguǎn xuéxí, zěnmeyàng?

오후에 함께 도서관 가서 공부하자, 어때?

图书馆太远了，来回浪费时间，哪儿都不如家里好。

Túshūguǎn tài yuǎn le, láihuí làngfèi shíjiān, nǎr dōu bùrú jiā li hǎo.

도서관은 너무 멀어, 왔다 갔다 시간 낭비야. 집이 최고야.

단어 不如 bùrú ⓢ ~만 못하다 | 继续 jìxù ⓢ 계속하다 | 浪费 làngfèi ⓢ 낭비하다

진준 · 성구현의
음원 바로 듣기

DAY 050

这两天你怎么不学习？总是心不在焉的。

Zhè liǎng tiān nǐ zěnme bù xuéxí? Zǒngshì xīn bú zài yān de.

요 며칠 너 왜 공부를 안 하니? 늘 정신을 딴 데 팔고 있는 것 같아.

'这两天'은 '이틀'이란 표현이 아니고 '요 며칠'을 뜻합니다. 여기서는 '两'이 꼭 숫자 2를 뜻하지 않는 것에 주의해야 해요. 마찬가지로 '这两年'은 '요 몇 년'이란 뜻이 됩니다.

확장연습

1 我这两天太忙了。

Wǒ zhè liǎng tiān tài máng le.

나 요 며칠 너무 바빴어.

2 这两天没学习。

Zhè liǎng tiān méi xuéxí.

요새 공부를 안 했어.

3 这两天我身体有点不舒服。

Zhè liǎng tiān wǒ shēntǐ yǒudiǎn bù shūfu.

요즘 내가 몸이 좀 안 좋아.

PLUS 표현

1 他上课的时候心不在焉的，好像有什么心事。

Tā shàng kè de shíhou xīn bú zài yān de, hǎoxiàng yǒu shénme xīnshì.

그는 수업할 때 마음이 딴 데 가 있더라고, 근심이 있는 거 같아.

2 马上就要考试了，你不可以这样心不在焉的。

Mǎshàng jiù yào kǎoshì le, nǐ bù kěyǐ zhèyàng xīn bú zài yān de.

곧 시험인데, 이렇게 마음이 딴 데 가 있으면 안 돼.

'心不在焉'은 '마음이 딴 데 있다, 정신을 딴 데 팔다'는 뜻의 사자성어이고, '心事'은 마음속의 걱정거리를 뜻하는 표현이에요.

대화

好好看前面，不要看手机，你开车心不在焉的，太危险了。

Hǎohāo kàn qiánmiàn, búyào kàn shǒujī, nǐ kāi chē xīn bú zài yān de, tài wēixiǎn le.

앞에 잘 봐, 휴대전화 보지 말고. 운전할 때 정신을 딴 데 팔면 안 돼. 너무 위험해.

对不起，今天公布面试结果，我心里很着急。

Duìbuqǐ, jīntiān gōngbù miànshì jiéguǒ, wǒ xīnli hěn zháo jí.

미안해, 오늘 면접 결과 발표라 마음이 좀 조급해.

단어 总是 zǒngshì 부 늘, 언제나 | 心不在焉 xīn bú zài yān 성어 마음이 딴 데 가 있다, 정신을 딴 데 팔다 | 心事 xīnshì 명 근심, 걱정거리 | 危险 wēixiǎn 형 위험하다 | 公布 gōngbù 동 발표하다, 공표하다 | 面试 miànshì 동 면접을 보다

우리말에 맞게 중국어로 써 본 후 문장을 읽어 보세요.

1 이 영화는 모두의 사랑을 받아요. (受~欢迎)

➡ ____。

2 너 진짜 예쁘다! 특히 코! (特别是)

➡ ____!

3 내가 대신 써줄게. (帮)

➡ ____。

4 너 언제 베이징 카오야 사줄 거야? (请)

➡ ____?

5 너 지금 빨리 가야해, 잘못하면 너도 지각할 거야. (搞不好)

➡ ____。

6 할아버지는 아빠에게 지대한 영향을 끼쳤어. (对~影响)

➡ ____。

7 절대로 무턱대고 암기하면 안 돼. (死记硬背)

➡ ____。

8 나는 하마터면 지각할 뻔했다. (差点儿)

➡ ____。

9 계속하는 게 좋겠어. (还是~吧)

➡ ____。

10 요즘 내가 몸이 좀 안 좋아. (这两天)

➡ ____。

정답 p.251

진준·성구현의 음원 바로 듣기

진준의 心灵鸡汤

* 心灵鸡汤 xīnlíng jītāng : 마음을 치유해 주는 이야기

礼物

我曾经听过这样一个故事。

Wǒ céngjīng tīng guo zhèyàng yí ge gùshi.

有一个男孩儿送了女孩子一朵花，女孩子非常高兴。

Yǒu yí ge nánháir sòng le nǚháizi yì duǒ huā, nǚháizi fēicháng gāoxìng.

于是就有朋友问："只有一朵花至于那么高兴吗"？

Yúshì jiù yǒu péngyou wèn: "zhǐ yǒu yì duǒ huā zhìyú nàme gāoxìng ma"?

女孩子说了："那当然，他送我的礼物不仅仅是这一朵花，

Nǚháizi shuō le: "nà dāngrán, tā sòng wǒ de lǐwù bùjǐnjǐn shì zhè yì duǒ huā,

而是从他想送我礼物的那一瞬间开始的。

érshì cóng tā xiǎng sòng wǒ lǐwù de nà yī shùnjiān kāishǐ de.

他心里想着我，到花店里面，带着腼腆的笑容，挑选花朵。

Tā xīnli xiǎng zhe wǒ, dào huādiàn lǐmiàn, dài zhe miǎntiǎn de xiàoróng, tiāoxuǎn huāduǒ.

这一整个过程都是在送我礼物，那个礼物就是他那无比珍贵的心意。

Zhè yì zhěnggè guòchéng dōu shì zài sòng wǒ lǐwù, nàge lǐwù jiù shì tā nà wúbǐ zhēnguì de xīnyì.

这朵'花'只不过是表象而已。所以，我当然高兴啦"！

Zhè duǒ 'huā' zhǐbúguò shì biǎoxiàng éryǐ. Suǒyǐ, wǒ dāngrán gāoxìng la"!

听了这个故事我心里觉得暖暖的，送礼物就是送到"心意"。

Tīng le zhège gùshi wǒ xīnli juéde nuǎnnuǎn de, sòng lǐwù jiù shì sòng dào "xīnyì".

선물

제가 이런 이야기를 들은 적이 있습니다.
한 남자아이가 여자아이한테 꽃 한 송이를 선물했더니, 여자아이가 아주 기뻐했대요.
그래서 친구가 물었죠. "꽃 한 송이일 뿐인데 그렇게도 기뻐"?
여자아이가 말했죠. "그럼~ 그가 준 선물은 꽃 한 송이뿐만이 아니야.
그 사람이 나한테 선물해 주려고 마음 먹은 순간부터 선물인 거야."
그 사람은 마음속으로 나를 생각하면서, 꽃집으로 갔을 거고, 수줍은 미소를 띠며 꽃을 골랐을 거야.
이 모든 과정이 나한테 주는 선물이고, 그 선물은 더없이 소중한 그의 마음이야.
이 꽃은 그 마음을 대변하는 물건일 뿐이지. 그러니 내가 당연히 기뻐할 만하지"!
이 이야기를 들으니 마음이 참 따뜻해지더라고요. 선물을 준다는 건 마음을 준다는 거예요.

진짜
중국어

Chapter 06

DAY 051	我对这次项目很满意，简直是完美无缺！
DAY 052	这项工作是共同努力得来的，团结就是力量。
DAY 053	今天我们公司有聚餐，你先睡吧，不用等我。
DAY 054	汇报前一定要仔细确认一下。
DAY 055	他昨天明明熬夜加班了，但是看起来很精神。
DAY 056	我记得这款前几年就停产了，已经买不到了。
DAY 057	这条裤子有点儿小，穿在身上紧绷绷的。
DAY 058	现在打五折？简直就是不要太划算！
DAY 059	我看你对那件衣服很有兴趣，那就下手吧！
DAY 060	好看是好看，不过有点儿贵，让我再想想。

진준 · 성구현의
음원 바로 듣기

DAY 051

我对这次项目很满意，简直是完美无缺！

Wǒ duì zhè cì xiàngmù hěn mǎnyì, jiǎnzhí shì wán měi wú quē!

이번 프로젝트 아주 만족스러워요, 그야말로 완벽해요!

'对~满意'는 '~에 만족하다'는 뜻의 고정격식이에요.

확장연습

1 老板对我非常满意。

Lǎobǎn duì wǒ fēicháng mǎnyì.

사장님은 나를 매우 만족스러워하셨다.

2 他一直对我不满意。

Tā yìzhí duì wǒ bù mǎnyì.

그는 줄곧 나를 불만족스러워한다.

3 老师也对我很满意。

Lǎoshī yě duì wǒ hěn mǎnyì.

선생님도 나를 매우 만족스러워하신다.

PLUS 표현

1 这条报告写得很好，简直是完美无缺。

Zhè tiáo bàogào xiě de hěn hǎo, jiǎnzhí shì wán měi wú quē.

이 보고서는 아주 잘 썼어. 정말 완벽해.

2 世界上根本不存在完美无缺的东西。

Shìjiè shang gēnběn bù cúnzài wán měi wú quē de dōngxi.

세상에 완벽한 것은 절대 존재하지 않아.

'完美无缺'는 '모든 것이 완벽하고 결점이 없다'는 뜻의 성어예요.

대화

老板说，这次的活动安排得非常不错，他很满意。

Lǎobǎn shuō, zhè cì de huódòng ānpái de fēicháng búcuò, tā hěn mǎnyì.

사장님이 이번 행사는 매우 잘 기획했다고 하셨어. 매우 만족해하시더라고.

太好了。我们尽量做到完美无缺。

Tài hǎo le. Wǒmen jǐnliàng zuò dào wán měi wú quē.

잘 됐다. 우리는 가능한 한 완벽하게 하려고 했지.

단어 项目 xiàngmù 명 프로젝트 | 简直 jiǎnzhí 부 그야말로, 정말 | 条 tiáo 양 항목을 세는 단위 | 报告 bàogào 명 보고, 보고서 | 根本 gēnběn 부 절대, 전혀 | 安排 ānpái 동 안배하다, 스케줄링하다 | 尽量 jǐnliàng 부 가능한 한

진준·성구현의 음원 바로 듣기

DAY 052

这项工作是共同努力得来的，团结就是力量。

Zhè xiàng gōngzuò shì gòngtóng nǔlì dé lái de, tuánjié jiù shì lìliang.

이 작업은 모두 함께 열심히 해서 얻은 것이에요, 단결은 곧 힘이에요.

위 문장에서의 '的'는 명사형 접미사로서 대명사나 동사 뒤에 붙어 '~의 것' 또는 '~한 것'의 의미를 나타내요.

확장연습

1. 这是你的吗?
   Zhè shì nǐ de ma?
   이건 네 것이니?

2. 这真的是你做的吗?
   Zhè zhēn de shì nǐ zuò de ma?
   이거 진짜 네가 한 거야?

3. 这道菜是我妈做的。
   Zhè dào cài shì wǒ mā zuò de.
   이 음식은 우리 엄마가 만든 거야.

PLUS 표현

1 我们应该互相帮助，团结就是力量。

Wǒmen yīnggāi hùxiāng bāngzhù, tuánjié jiù shì lìliang.

우리는 서로 도와야 해. 단결이 곧 힘이야.

2 我们合力解决了难题，果然团结就是力量。

Wǒmen hélì jiějué le nántí, guǒrán tuánjié jiù shì lìliang.

우리가 힘을 합쳐 어려운 문제를 해결했어, 역시 단결이 곧 힘이야.

'果然'은 사전을 찾아보면 '과연'이라는 뜻으로 나오는데, 실제 의미는 '역시, 아니나 다를까'라는 뜻으로 쓰여요.

대화

这次多亏大家帮忙，才能顺利完成任务。

Zhè cì duōkuī dàjiā bāng máng, cái néng shùnlì wánchéng rènwu.

이번에 여러분이 도와주신 덕분에, 일을 잘 끝낼 수 있었어요.

这都是应该的，团结就是力量，以后有什么事情就说出来。

Zhè dōu shì yīnggāi de, tuánjié jiù shì lìliang, yǐhòu yǒu shénme shìqing jiù shuō chūlai.

당연히 도와야죠. 단결이 힘이니까요. 앞으로 무슨 일 있으면 말해요.

'应该的'는 누군가 고맙다고 얘기할 경우, '당연히 내가 도와야 한다'의 뜻으로 쓰여요.

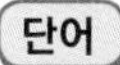

단어 团结 tuánjié 명 단결 동 단결하다 | 力量 lìliang 명 힘, 역량 | 合力 hélì 동 힘을 합치다 | 果然 guǒrán 부 역시, 아니나 다를까

진준 · 성구현의 음원 바로 듣기

今天我们公司有聚餐，你先睡吧，不用等我。

Jīntiān wǒmen gōngsī yǒu jù cān, nǐ xiān shuì ba, búyòng děng wǒ.

오늘 우리 회사에서 회식하니까, 먼저 자, 기다릴 필요 없어.

'先'은 부사로써 주로 동사 앞에 쓰여 '먼저'의 뜻을 나타내요. 뒤 절에 '然后'를 붙여 '먼저 ~하고, 그런 다음 ~하다'의 고정격식으로도 많이 쓰여요.

확장연습

1 咱们先吃，然后再说吧。

Zánmen xiān chī, ránhòu zài shuō ba.

먼저 먹고 그런 다음 다시 얘기하자.

2 你累吧？你先去睡吧。

Nǐ lèi ba? Nǐ xiān qù shuì ba.

너 피곤하지? 먼저 가서 자렴.

3 我先走了！

Wǒ xiān zǒu le!

나 먼저 갈게!

PLUS 표현

1 你们先开始吧，不用等我。

Nǐmen xiān kāishǐ ba, búyòng děng wǒ.

너희 먼저 시작해. 나 기다릴 필요 없어.

2 我已经来不及了，不用等我。

Wǒ yǐjīng láibují le, búyòng děng wǒ.

나는 이미 늦었어. 나 기다릴 필요 없어.

대화

喂，大家都到了，你什么时候能到？

Wéi, dàjiā dōu dào le, nǐ shénme shíhou néng dào?

여보세요, 모두 왔는데, 언제 도착할 수 있어?

我这里还有点事没忙完，你们先开始，不用等我。

Wǒ zhèli hái yǒu diǎn shì méi máng wán, nǐmen xiān kāishǐ, búyòng děng wǒ.

나 지금 바쁜 일이 아직 안 끝났어. 너희 먼저 시작해. 나 기다릴 필요 없어.

단어 聚餐 jù cān ⓢ 회식하다 | 来不及 láibují ⓢ 시간에 맞출 수 없다

진준 · 성구현의
음원 바로 듣기

DAY
054

汇报前一定要仔细确认一下。

Huìbào qián yídìng yào zǐxì quèrèn yíxià.

보고하기 전에는 반드시 꼼꼼하게 검토해 봐야 해.

'一定'은 '꼭, 반드시'라는 의미의 부사이고, '要'는 '~해야 한다'는 뜻의 조동사예요. 이 두 단어는 세트처럼 붙어 다니면서 '꼭 ~해야 한다'는 의미로 자주 쓰여요.

확장연습

1 今天学过的内容，一定要好好复习。

Jīntiān xué guo de nèiróng, yídìng yào hǎohāo fùxí.

오늘 배운 내용은 반드시 제대로 복습해야 해요.

2 明天一定要告诉我！

Míngtiān yídìng yào gàosu wǒ!

내일 꼭 나한테 말해줘야 해!

3 到了机场，你一定要打电话给我。

Dào le jīchǎng, nǐ yídìng yào dǎ diànhuà gěi wǒ.

공항에 도착하면 나한테 꼭 전화해.

PLUS 표현

1 仔细确认一下具体的时间和地点。

Zǐxì quèrèn yíxià jùtǐ de shíjiān hé dìdiǎn.

구체적인 시간과 장소를 꼼꼼히 확인해.

2 麻烦你帮我仔细确认一下内容。

Máfan nǐ bāng wǒ zǐxì quèrèn yíxià nèiróng.

번거롭겠지만 내용 좀 꼼꼼하게 확인해줘.

대화

你好，我想确认一下明天的活动是否能带家属。

Nǐ hǎo, wǒ xiǎng quèrèn yíxià míngtiān de huódòng shìfǒu néng dài jiāshǔ.

안녕하세요, 내일 행사에 가족 동반인지 확인 좀 하려고요.

好的，我帮您问一问主办方。

Hǎo de, wǒ bāng nín wèn yi wèn zhǔbànfāng.

네, 주최 측에 물어봐 드릴게요.

단어 汇报 huìbào ⓢ 보고하다 | 仔细 zǐxì ⓗ 꼼꼼하다 | 确认 quèrèn ⓢ 확인하다 | 地点 dìdiǎn ⓜ 장소 | 是否 shìfǒu ⓑ ~인지 아닌지 | 家属 jiāshǔ ⓜ 가족 | 主办方 zhǔbànfāng ⓜ 주최 측

DAY 055

진준·성구현의 음원 바로 듣기

他昨天明明熬夜加班了，但是看起来很精神。

Tā zuótiān míngmíng áo yè jiā bān le, dànshì kàn qǐlai hěn jīngshen.

걔 어제 분명히 밤샘 야근했는데, 보고 있으면 하나도 안 피곤해 보여.

'明明'은 술어 앞에서 '분명히, 확실히'의 뜻을 나타내는 부사예요.

확장연습

1. 明明是他干的，他怎么不说一声啊?
   Míngmíng shì tā gàn de, tā zěnme bù shuō yì shēng a?
   분명히 걔가 한 건데 어째서 한 마디도 안 하지?

2. 明明还年轻，为什么看不到自己的未来呢?
   Míngmíng hái niánqīng, wèi shénme kàn bu dào zìjǐ de wèilái ne?
   분명히 아직 젊은데 왜 자신의 미래를 못 보는 거지?

3. 明明喜欢，却不能在一起。
   Míngmíng xǐhuan, què bù néng zài yìqǐ.
   분명히 좋아하면서 같이 있을 수 없네.

PLUS 표현

1 你换发型了，看起来很精神。

Nǐ huàn fàxíng le, kàn qǐlai hěn jīngshen.

헤어스타일 바꿨네. 생기 있어 보인다.

2 这个男孩子长得很精神，我非常喜欢。

Zhège nánháizi zhǎng de hěn jīngshen, wǒ fēicháng xǐhuan.

이 남자 활력 넘치게 생겼다. 너무 좋은데.

‘精神’은 글자 그대로 ‘정신’의 뜻도 있지만, 외모나 사람한테서 풍기는 기운을 뜻하기도 하여, ‘활기차다, 생기 넘치다, 정력적이다’의 의미로 해석되기도 해요.

대화

听说你昨天加班了，但是今天看起来很精神，有什么喜事啊？

Tīngshuō nǐ zuótiān jiā bān le, dànshì jīntiān kàn qǐlai hěn jīngshen, yǒu shénme xǐshì a?

듣자 하니 어제 야근했다던데, 오늘 하나도 안 피곤해 보이네. 무슨 기쁜 일 있니?

是吗？今天发工资，想想就高兴。

Shì ma? Jīntiān fā gōngzī, xiǎngxiang jiù gāoxìng.

그래? 오늘 월급날이라, 생각만 해도 기분이 좋아.

단어 明明 míngmíng 부 분명히, 확실히 | 熬夜 áo yè 동 밤을 새다 | 未来 wèilái 명 미래 | 发型 fàxíng 명 헤어스타일 | 喜事 xǐshì 명 기쁜 일 | 发工资 fā gōngzī 월급을 받다(주다)

진준 · 성구현의 음원 바로 듣기

DAY 056

我记得这款前几年就停产了，已经买不到了。

Wǒ jìde zhè kuǎn qián jǐ nián jiù tíng chǎn le, yǐjīng mǎi bu dào le.

내 기억에 이 디자인은 몇 년 전에 단종되어서 이제 살 수가 없어.

'记得'는 뒤에 단어가 올 수도 있고, 문장이 올 수도 있어요. 주로 어떤 일을 회상하거나 기억할 때 자주 쓰는 표현이죠.

확장연습

1. 你还记得我吗?
   Nǐ hái jìde wǒ ma?
   너 나 기억나?

2. 我记得你昨天没来。
   Wǒ jìde nǐ zuótiān méi lái.
   내 기억으로는 너 어제 안 왔는데.

3. 你还记得吗?
   Nǐ hái jìde ma?
   너 아직 기억하고 있니?

PLUS 표현

1 时间是宝贵的，有钱也买不到。

Shíjiān shì bǎoguì de, yǒu qián yě mǎi bu dào.

시간은 귀중한 거야. 돈으로도 살 수 없어.

2 这是专门订做的，外面买不到。

Zhè shì zhuānmén dìng zuò de, wàimiàn mǎi bu dào.

이건 특별히 맞춤 제작한 거라, 밖에서는 못 사.

'买不到'는 인기가 너무 많아서 다 팔렸다든지, 가격을 매길 수 없다거나, 단종되었다는 등의 이유로 돈을 주고도 살 수 없는 경우에 사용해요.

대화

你这件衣服是在哪里买的？我也想买一件。

Nǐ zhè jiàn yīfu shì zài nǎli mǎi de? Wǒ yě xiǎng mǎi yí jiàn.

너 이 옷 어디에서 산 거야? 나도 한 벌 사고 싶어.

我这件衣服是在国外买的，国内买不到。

Wǒ zhè jiàn yīfu shì zài guówài mǎi de, guónèi mǎi bu dào.

이 옷 외국에서 산 거라, 국내에서는 못 사.

단어 记得 jìde ⓢ 기억하다 | 款 kuǎn ⓢ 디자인, 스타일 | 停产 tíng chǎn 생산을 중단하다 | 宝贵 bǎoguì ⓗ 귀중하다 | 订做 dìng zuò 맞춤 제작하다, 주문 제작하다

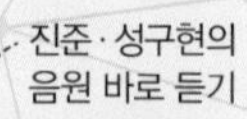

DAY 057

这条裤子有点儿小，穿在身上紧绷绷的。

Zhè tiáo kùzi yǒudiǎnr xiǎo, chuān zài shēnshang jǐnbēngbēng de.

이 바지 좀 작아, 입으면 몸에 꽉 껴.

동사 뒤에 '在'를 붙이면 '~에(서)'라는 뜻으로 쓰여요. '在' 뒤에는 주로 장소를 나타내는 단어가 오고, 위의 문장처럼 신체 부위를 나타내는 단어가 올 수도 있어요.

확장연습

1. 放在哪里?
   Fàng zài nǎli?
   어디에 둘까요?

2. 躺在沙发上
   tǎng zài shāfā shang
   소파에 눕다

3. 趴在这儿
   pā zài zhèr
   여기에 엎드리다

PLUS 표현

1 换件大点儿的衣服吧，这件紧绷绷的，不好看。

Huàn jiàn dà diǎnr de yīfu ba, zhè jiàn jǐnbēngbēng de, bù hǎokàn.

좀 큰 옷으로 바꿔. 이 옷은 너무 꽉 껴. 안 예뻐.

2 每天忙来忙去，生活节奏紧绷绷的。

Měitiān máng lái máng qù, shēnghuó jiézòu jǐn bēngbēng de.

매일 이리저리 바빠서, 생활 리듬이 너무 타이트해.

'紧绷绷'은 옷을 입었을 때 여유가 없이 꽉 낀다는 의미로도 쓰일 수 있지만, 너무 긴장해서 표정이 경직되었을 때, 생활이 타이트할 때 등 다양한 상황에서 사용할 수 있는 표현이에요.

대화

我最近好像胖了，穿了去年的衣服，浑身紧绷绷的。

Wǒ zuìjìn hǎoxiàng pàng le, chuān le qùnián de yīfu, húnshēn jǐnbēngbēng de.

나 요즘 살이 찐 거 같아, 작년 옷을 입으니까 온몸에 꽉 껴.

那从今天开始晚饭少吃一点，我陪你减肥。

Nà cóng jīntiān kāishǐ wǎnfàn shǎo chī yìdiǎn, wǒ péi nǐ jiǎn féi.

그럼 오늘부터 저녁밥은 좀 조금만 먹어. 나도 같이 다이어트해줄게.

단어 裤子 kùzi 명 바지 | 紧绷绷 jǐnbēngbēng 형 꽉 끼다 | 趴 pā 동 엎드리다 | 节奏 jiézòu 명 리듬

DAY 058

现在打五折？简直就是不要太划算！

Xiànzài dǎ wǔ zhé? Jiǎnzhí jiù shì búyào tài huásuàn!

지금 50프로 할인이라고? 정말 너무 싸다!

'简直'는 '그야말로 ~하다'라는 뜻으로 뒤에 습관적으로 '就'와 함께 쓰여요.

확장연습

1. 简直就是像做梦一样。
   Jiǎnzhí jiù shì xiàng zuò mèng yíyàng.
   그야말로 마치 꿈을 꾸는 것 같아.

2. 简直难以想象。
   Jiǎnzhí nányǐ xiǎngxiàng.
   그야말로 상상도 못할 정도야.

3. 简直无法相信今天发生的一切。
   Jiǎnzhí wúfǎ xiāngxìn jīntiān fāshēng de yíqiè.
   오늘 일어난 모든 것들은 그야말로 믿을 수 없어.

PLUS 표현

1 买一个不如买两个划算。

Mǎi yí ge bùrú mǎi liǎng ge huásuàn.

한 개 사는 것보다 두 개 사는 게 더 이익이야.

2 现在是淡季，去旅行很划算。

Xiànzài shì dànjì, qù lǚxíng hěn huásuàn.

지금 비수기라 여행 가는 게 이득이야.

대화

你怎么买了这么多东西？家里还有很多呢！

Nǐ zěnme mǎi le zhème duō dōngxi? Jiā li hái yǒu hěn duō ne!

너 왜 이렇게 많이 샀어? 집에 아직 많은데!

今天商场最后一天打折，很多东西都很划算，不买就吃亏了！

Jīntiān shāngchǎng zuìhòu yìtiān dǎ zhé, hěn duō dōngxi dōu hěn huásuàn, bù mǎi jiù chī kuī le!

오늘 쇼핑몰 마지막 세일 날이라 많은 것들이 아주 싸더라고, 안 사면 손해야!

‘划算’과 ‘不买就吃亏了’는 짝꿍처럼 같이 사용할 수 있는 표현이에요. 어떤 물건을 지금 사면 ‘수지타산이 맞는다’ 즉 ‘지금 안 사면 손해다’의 의미로 쓸 수 있죠.

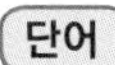

단어 简直 jiǎnzhí ㊄ 그야말로, 정말 | 划算 huásuàn ㊖ 수지가 맞다 | 做梦 zuò mèng ㊍ 꿈을 꾸다 | 难以 nányǐ ㊍ ~하기 어렵다 | 无法 wúfǎ ㊍ ~할 방법이 없다 | 淡季 dànjì ㊔ 비수기 | 吃亏 chī kuī ㊍ 손해를 보다

진준 · 성구현의 음원 바로 듣기

DAY 059

我看你对那件衣服很有兴趣，那就下手吧！

Wǒ kàn nǐ duì nà jiàn yīfu hěn yǒu xìngqù, nà jiù xià shǒu ba!

내가 보니 너 저 옷 좋아하는 거 같은데, 그럼 얼른 질러!

'对~有兴趣'는 '~에 흥미가 있다'는 뜻의 고정격식이에요.
이때 '有' 대신 '感'을 써도 같은 의미가 돼요.

확장연습

1 我对学汉语特别感兴趣。

Wǒ duì xué Hànyǔ tèbié gǎn xìngqù.

난 중국어 배우는 거에 엄청난 관심이 있어.

2 我也对他有兴趣。

Wǒ yě duì tā yǒu xìngqù.

나도 그에게 관심이 있어.

3 我妈对做饭没有兴趣。

Wǒ mā duì zuò fàn méiyǒu xìngqù.

엄마는 요리에 흥미가 없어.

PLUS 표현

1 不要想太多，喜欢就大胆下手！

Búyào xiǎng tài duō, xǐhuan jiù dàdǎn xià shǒu!

너무 많이 생각하지 마. 좋아하면 과감하게 시작해!

2 不要错过这次机会，赶快下手。

Búyào cuòguò zhè cì jīhuì, gǎnkuài xià shǒu.

이번 기회를 놓치지 말고 빨리 잡아.

'下手'는 다양한 상황에서 사용할 수 있는 유용한 표현이에요. 쇼핑할 때는 '질러!'의 의미가 될 수 있고, 한 번뿐인 기회를 얘기할 때는 '잡아!'의 의미가 될 수도 있어요. 또한 어떤 일을 과감하게 시작하라는 의미도 될 수 있답니다.

대화

你帮我看看这部手机，我已经喜欢很久了，今天刚好打折。

Nǐ bāng wǒ kànkan zhè bù shǒujī, wǒ yǐjīng xǐhuan hěn jiǔ le, jīntiān gānghǎo dǎ zhé.

이 휴대전화 좀 봐봐, 오래전부터 마음에 들었는데, 오늘 마침 세일이야.

那还等什么呀？赶快下手，明天就没有了。

Nà hái děng shénme ya? Gǎnkuài xià shǒu, míngtiān jiù méiyǒu le.

그럼 뭘 기다려? 빨리 질러, 내일이면 없을 거야.

단어 下手 xià shǒu ㉻ 착수하다 | 大胆 dàdǎn ㉾ 대담하다, 과감하다 | 错过 cuòguò ㉻ 놓치다, 지나치다 | 赶快 gǎnkuài ㊇ 빨리 | 部 bù ㊎ 기계를 세는 단위

진준·성구현의 음원 바로 듣기

DAY 060

好看是好看，不过有点儿贵，让我再想想。

Hǎokàn shì hǎokàn, búguò yǒudiǎnr guì, ràng wǒ zài xiǎngxiang.

예쁘긴 예쁜데 좀 비싸다, 조금만 더 생각해 볼게.

'A是A, 不过B'는 'A하기는 A한데, (그러나) B하다'라는 뜻의 고정격식이에요.

확장연습

1. 会是会，可是做得不太好。
   Huì shì huì, kěshì zuò de bú tài hǎo.
   할 줄 알긴 아는데 잘 못해.

2. 喜欢是喜欢，但是现在不敢买。
   Xǐhuan shì xǐhuan, dànshì xiànzài bùgǎn mǎi.
   좋아하긴 하는데 지금은 살 엄두가 안 나.

3. 汉语难是难，不过很有意思。
   Hànyǔ nán shì nán, búguò hěn yǒu yìsi.
   중국어는 어렵긴 어려운데 재미있어.

PLUS 표현

1 我还没有决定，让我再想想。

Wǒ hái méiyǒu juédìng, ràng wǒ zài xiǎngxiang.

나는 아직 결정하지 않았어, 좀 더 생각해 볼게.

2 不要着急，给我点时间，让我再想想。

Búyào zháo jí, gěi wǒ diǎn shíjiān, ràng wǒ zài xiǎngxiang.

서두르지 말고, 나한테 시간을 좀 줘. 좀 더 생각해 볼게.

대화

怎么样？拿定主意了吗？到底想要哪种颜色？

Zěnmeyàng? Ná dìng zhǔyi le ma? Dàodǐ xiǎng yào nǎ zhǒng yánsè?

어때? 결정했어? 도대체 어떤 색을 원해?

两个颜色我都很喜欢，你让我再想想。

Liǎng ge yánsè wǒ dōu hěn xǐhuan, nǐ ràng wǒ zài xiǎngxiang.

두 가지 색 모두 마음에 들어. 조금만 더 생각해 볼게.

단어 不敢 bùgǎn ⓢ 감히 ~할 수 없다 | 拿定主意 ná dìng zhǔyi 결정하다

우리말에 맞게 중국어로 써 본 후 문장을 읽어 보세요.

1 선생님도 나를 매우 만족스러워하신다. (对~满意)

➡ ______________________________。

2 이거 진짜 네가 한 거야? (的)

➡ ______________________________?

3 너 피곤하지? 먼저 가서 자렴. (先)

➡ ______________________________。

4 공항에 도착하면 나한테 꼭 전화해. (一定要)

➡ ______________________________。

5 분명히 좋아하면서 같이 있을 수 없네. (明明)

➡ ______________________________。

6 너 아직 기억하고 있니? (记得)

➡ ______________________________?

7 어디에 둘까요? (在)

➡ ______________________________?

8 그야말로 상상도 못할 정도야. (简直)

➡ ______________________________。

9 나도 그에게 관심이 있어. (对~有兴趣)

➡ ______________________________。

10 중국어는 어렵긴 어려운데 재미있어. (A是A，不过B)

➡ ______________________________。

정답 p.251

진준·성구현의
음원 바로 듣기

진준의 心灵鸡汤

＊心灵鸡汤 xīnlíng jītāng : 마음을 치유해 주는 이야기

味道

不知道大家有没有听过这样的一句话。生活可以是甜的，也可以是苦的，但不能是无味的。

Bù zhīdào dàjiā yǒu méiyǒu tīng guo zhèyàng de yí jù huà. Shēnghuó kěyǐ shì tián de, yě kěyǐ shì kǔ de, dàn bù néng shì wúwèi de.

还有人经常说我们的生活充满着"酸"、"甜"、"苦"、"辣"这四种味道。

Hái yǒu rén jīngcháng shuō wǒmen de shēnghuó chōngmǎn zhe "suān"、"tián"、"kǔ"、"là"、zhè sì zhǒng wèidao.

难道生活真的是有味道的吗?

Nándào shēnghuó zhēn de shì yǒu wèidao de ma?

当然不是，这里所表达的味道，指的不是人的味觉感觉到的，而是内心的感受。

Dāngrán bú shì, zhèli suǒ biǎodá de wèidao, zhǐ de bú shì rén de wèijué gǎnjué dào de, érshì nèixīn de gǎnshòu.

比如，我们可以说："你笑起来很甜"，"最近日子很苦"，"眼睛和鼻子酸酸的"。

Bǐrú, wǒmen kěyǐ shuō: "nǐ xiào qǐlai hěn tián", "zuìjìn rìzi hěn kǔ", "yǎnjing hé bízi suānsuān de".

这些说的都不是吃的，而是我们的内心的感受。

Zhèxiē shuō de dōu bú shì chī de, érshì wǒmen de nèixīn de gǎnshòu.

我希望大家的生活也是充满"酸甜苦辣"，多姿多彩的！

Wǒ xīwàng dàjiā de shēnghuó yě shì chōngmǎn "suān-tián-kǔ-là", duō zī duō cǎi de!

맛

생활은 달콤할 수도 있고, 씁싸름할 수도 있지만, 무미건조해서는 안 된다. 라는 말이 있어요.
또 사람들은 우리의 삶이 '신맛, 단맛, 쓴맛, 매운맛'으로 가득 차 있다고 말하죠.
그렇다면 우리의 삶에는 진짜 '맛'이 있는 걸까요?
물론 아니에요. 여기서 말하는 맛은 혀끝으로 느끼는 맛이 아닌, 마음으로 느끼는 감정을 뜻합니다.
예를 들면, '매우 달콤하게 웃는다', '요즘 너무 고생을 한다', '눈과 코가 짱하다'라는 말처럼요.
이런 말들은 다 먹는 것을 의미하는 게 아닌 우리들의 감정과 연관된 표현입니다.
여러분의 삶도 '신맛, 단맛, 쓴맛, 매운맛'이 있어, 다채롭기를 바랍니다!

진짜
중국어

Chapter 07

DAY 061	我估计我朋友可能生病了，或者有烦恼。
DAY 062	他三天两头拉肚子，不能小看这个问题。
DAY 063	多吃蔬菜少吃肉，这样有助于改善体质。
DAY 064	一下子就瘦了七公斤，真让人担心。
DAY 065	好端端的，怎么就生病了？
DAY 066	前几天锻炼的时候，把膝盖给磕破了，真倒霉！
DAY 067	一旦生病就什么都做不了了，身体是本钱！
DAY 068	喝适量的葡萄酒能够促进消化，但千万不可过量。
DAY 069	戴口罩也不一定百分之百安全，凡事都有万一。
DAY 070	昨天偏头痛又犯了，做什么都没心情。

진준 · 성구현의 음원 바로 듣기

DAY 061

我估计我朋友可能生病了，或者有烦恼。

Wǒ gūjì wǒ péngyou kěnéng shēng bìng le, huòzhě yǒu fánnǎo.

내 친구는 병이 났거나, 고민이 있는 거 같아.

'或者'는 '또는, 혹은'이라는 뜻의 접속사예요.

확장연습

1 明天或者后天

míngtiān huòzhě hòutiān

내일 아니면 모레

2 你随便吧，在家休息或者睡觉。

Nǐ suíbiàn ba, zài jiā xiūxi huòzhě shuì jiào.

네 마음대로 해, 집에서 쉬든지 아니면 자든지.

3 三点或者四点，我都可以。

Sān diǎn huòzhě sì diǎn, wǒ dōu kěyǐ.

3시든 4시든 난 다 돼.

PLUS 표현

1 我一有烦恼就睡不着。

Wǒ yì yǒu fánnǎo jiù shuì bu zháo.

나는 고민이 생겼다 하면 잠을 못 자.

2 不管是大人还是小孩儿，都会有烦恼。

Bùguǎn shì dàren háishi xiǎoháir, dōu huì yǒu fánnǎo.

어른이든 아이든 모두 고민이 있을 수 있지.

'不管是A还是B, 都~'는 'A든 B든 막론하고, 모두 ~하다'라는 뜻의 고정격식으로 A와 B자리에는 단어와 문장 모두 올 수 있어요.

대화

你怎么了？是哪里不舒服还是有烦恼？有烦恼就说出来。

Nǐ zěnme le? Shì nǎli bù shūfu háishi yǒu fánnǎo? Yǒu fánnǎo jiù shuō chūlai.

너 왜 그래? 어디가 아픈 거야 아니면 고민이 있는 거야? 고민이 있으면 말을 해.

我也不知道为什么，秋天到了，总是觉得心慌意乱。

Wǒ yě bù zhīdào wèi shénme, qiūtiān dào le, zǒngshì juéde xīn huāng yì luàn.

나도 왜 그런지 모르겠어, 가을이 되니까 계속 마음이 싱숭생숭하네.

단어 或者 huòzhě 접 또는, 혹은 | 心慌意乱 xīn huāng yì luàn 성 마음이 싱숭생숭하다, 마음이 어지럽고 정신이 산란하다

진준 · 성구현의
음원 바로 듣기

DAY 062

他三天两头拉肚子，不能小看这个问题。

Tā sāntiān-liǎngtóu lā dùzi, bù néng xiǎokàn zhège wèntí.

그는 사흘이 멀다 하고 설사하는데, 쉽게 생각할 문제가 아니야(심각한 거야).

'三天两头'는 '사흘이 멀다 하고'의 뜻을 나타내요. 뒤에는 보통 책망, 질책 등 부정적인 어감의 표현들이 자주 와요.

확장연습

1 你怎么三天两头迟到呢？

Nǐ zěnme sāntiān-liǎngtóu chídào ne?

넌 어째서 사흘이 멀다 하고 지각이니?

2 他上课的时候，三天两头打瞌睡。

Tā shàng kè de shíhou, sāntiān-liǎngtóu dǎ kēshuì.

걔는 수업할 때 사흘이 멀다 하고 졸아.

3 你怎么三天两头就感冒呢？

Nǐ zěnme sāntiān-liǎngtóu jiù gǎnmào ne?

넌 어째서 사흘이 멀다 하고 감기에 걸리니?

PLUS 표현

1 发烧的时候，一定要注意，不能小看这个问题。

Fā shāo de shíhou, yídìng yào zhùyì, bù néng xiǎokàn zhège wèntí.

열이 날 때는 주의해야 해. 너무 가볍게 생각하면 안 돼.

2 经常失眠对身体不好，不能小看这个问题。

Jīngcháng shī mián duì shēntǐ bù hǎo, bù néng xiǎokàn zhège wèntí.

잦은 불면은 몸에 안 좋아. 이 문제를 가볍게 생각하면 안 돼.

'小看'은 '사람을 무시하다, 경멸하다'의 뜻도 있고, '어떤 문제를 너무 하찮게 생각하다, 경시하다'의 의미도 있어요.

대화

我看你的肠胃不太好，经常拉肚子，不能小看这个问题。

Wǒ kàn nǐ de chángwèi bú tài hǎo, jīngcháng lā dùzi, bù néng xiǎokàn zhège wèntí.

너의 위장이 별로 안 좋은 거 같아, 설사를 자주 하네. 쉽게 생각할 문제가 아니야.

你说得没错，我真的应该去医院做个全方位体检。

Nǐ shuō de méi cuò, wǒ zhēn de yīnggāi qù yīyuàn zuò ge quánfāngwèi tǐjiǎn.

네 말이 맞아, 정말 병원가서 종합검진 좀 받아야 해.

단어 三天两头 sāntiān-liǎngtóu 사흘이 멀다 하고 | 迟到 chídào ⓢ 지각하다 | 打瞌睡 dǎ kēshuì 꾸벅꾸벅 졸다 | 全方位 quánfāngwèi ⓜ 전방위, 다각도 | 体检 tǐjiǎn ⓢ 건강검진을 하다

DAY 063

진준·성구현의 음원 바로 듣기

多吃蔬菜少吃肉，这样有助于改善体质。

Duō chī shūcài shǎo chī ròu, zhèyàng yǒuzhùyú gǎishàn tǐzhì.

야채를 많이 먹고 고기를 줄여, 그러면 체질 개선에 도움이 될 거야.

'A有助于B'는 'A가 B에 도움이 된다'는 뜻의 고정격식이에요.

확장연습

1. 这道菜有助于孩子的健康成长。
   Zhè dào cài yǒuzhùyú háizi de jiànkāng chéngzhǎng.
   이 음식은 아이의 건강한 성장에 도움이 된다.

2. 拉伸运动有助于促进消化。
   Lā shēn yùndòng yǒuzhùyú cùjìn xiāohuà.
   스트레칭은 소화 촉진에 도움이 된다.

3. 看电影有助于缓解压力。
   Kàn diànyǐng yǒuzhùyú huǎnjiě yālì.
   영화 감상은 스트레스 해소에 도움이 된다.

PLUS 표현

1 通过调整饮食习惯来改善体质。

Tōngguò tiáozhěng yǐnshí xíguàn lái gǎishàn tǐzhì.

식습관 조절을 통해 체질 개선을 할 수 있어.

2 改善体质可不是一天两天的事情。

Gǎishàn tǐzhì kě bú shì yì tiān liǎng tiān de shìqing.

체질 개선은 하루 이틀 만에 할 수 있는 일이 아니야.

'通过~来'에서 '来'는 '~한 방법으로'의 어감만 더해줄 뿐, 전체 문장의 해석에는 크게 영향을 주지 않아요. '通过 ~을(를) 통해'만 해석해도 문제가 없죠.

대화

每当换季的时候，我总是得感冒，真的不知道该怎么办才好。

Měi dāng huàn jì de shíhou, wǒ zǒngshì dé gǎnmào, zhēn de bù zhīdào gāi zěnme bàn cái hǎo.

환절기 때마다 나는 항상 감기에 걸려. 정말 어떻게 해야 좋을 지 모르겠어.

你需要改善体质，这不是一天两天的问题，平时应该多多注意生活起居。

Nǐ xūyào gǎishàn tǐzhì, zhè bú shì yì tiān liǎng tiān de wèntí, píngshí yīnggāi duōduō zhùyì shēnghuó qǐjū.

체질을 바꿔야 해. 이건 하루 이틀의 문제가 아니야. 평소 일상생활에 주의해야 해.

단어 蔬菜 shūcài 명 야채, 채소 | 体质 tǐzhì 명 체질 | 拉伸运动 lā shēn yùndòng 스트레칭 | 促进 cùjìn 동 촉진하다 | 消化 xiāohuà 동 소화하다 | 缓解 huǎnjiě 동 완화하다 | 调整 tiáozhěng 동 조절하다 | 换季 huàn jì 동 계절이 바뀌다 | 生活起居 shēnghuó qǐjū 일상생활

Chapter 07

진준·성구현의
음원 바로 듣기

DAY 064

一下子就瘦了七公斤，真让人担心。

Yíxiàzi jiù shòu le qī gōngjīn, zhēn ràng rén dān xīn.

단번에 7킬로그램이 빠졌어, 정말 걱정돼.

'一下子'는 '단번에, 한숨에'라는 뜻의 관용어로써 뒤에 주로 '就'를 동반해요.

확장연습

1 天气一下子就变冷了。

Tiānqì yíxiàzi jiù biàn lěng le.

날씨가 갑자기 추워졌어.

2 他一下子就答对了。

Tā yíxiàzi jiù dá duì le.

그는 단번에 답을 맞혔어.

3 脸色一下子就变了。

Liǎnsè yíxiàzi jiù biàn le.

안색이 단번에 변했어.

PLUS 표현

1 你一个人在国外，没有人在你身边，真让人担心。

Nǐ yí ge rén zài guówài, méiyǒu rén zài nǐ shēnbiān, zhēn ràng rén dān xīn.

너 혼자 외국에서 곁에 아무도 없으니, 정말 걱정돼.

2 都这么久了也没来个电话，真让人担心。

Dōu zhème jiǔ le yě méi lái ge diànhuà, zhēn ràng rén dān xīn.

이렇게 오랜 시간이 지났는데도 전화가 안 오네. 정말 걱정돼.

대화

我儿子第一次离开家，去那么远的地方上大学，我怕他适应不了。

Wǒ érzi dì-yī cì lí kāi jiā, qù nàme yuǎn de dìfang shàng dàxué, wǒ pà tā shìyìng bu liǎo.

내 아들이 처음 집을 떠나 먼 곳에서 대학을 다니게 돼서 적응을 못할까 봐 걱정돼.

是啊，真让人担心，但是我相信他很快就能习惯那里的生活。

Shì a, zhēn ràng rén dān xīn, dànshì wǒ xiāngxìn tā hěn kuài jiù néng xíguàn nàli de shēnghuó.

그래, 정말 걱정돼. 그렇지만 그곳 생활을 빨리 적응할 거라고 믿어.

단어 答对 dá duì 옳게 답하다 | 脸色 liǎnsè ⓜ 안색 | 适应 shìyìng ⓢ 적응하다 | 相信 xiāngxìn ⓢ 믿다

진준·성구현의 음원 바로 듣기

DAY 065

好端端的，怎么就生病了?

Hǎoduānduān de, zěnme jiù shēng bìng le?

멀쩡했는데 어쩌다가 병이 난 거야?

'好端端'은 '아무 일 없이 멀쩡하다'의 뜻으로, 뒤에 '的'를 동반해서 많이 쓰여요.

확장연습

1 好端端的手机，突然就坏了。

Hǎoduānduān de shǒujī, tūrán jiù huài le.

멀쩡한 휴대전화가 갑자기 망가졌어.

2 好端端的腰，今天就疼得不得了。

Hǎoduānduān de yāo, jīntiān jiù téng de bùdéliǎo.

멀쩡하던 허리가 오늘 너무 아프더라고.

3 好端端的，你干吗生气呢?

Hǎoduānduān de, nǐ gànmá shēng qì ne?

잘 있다가 왜 화를 내?

PLUS 표현

1 我昨天见到他的时候，他什么事都没有，今天怎么就住院了？

Wǒ zuótiān jiàn dào tā de shíhou, tā shénme shì dōu méiyǒu, jīntiān zěnme jiù zhù yuàn le?

나 어제 걔 만났을 때 아무 일 없었는데, 오늘 왜 갑자기 입원했지?

2 刚才我明明放在这里的咖啡，这会儿怎么就没有了？

Gāngcái wǒ míngmíng fàng zài zhèli de kāfēi, zhèhuìr zěnme jiù méiyǒu le?

방금 분명히 여기에 커피를 놓아두었는데,
왜 갑자기 없어졌지?

'怎么就~了'는
어떤 일이나 상황이
갑자기 변했을 때 주로 쓰는
고정격식이에요.

대화

你听说了吗？我们专业的赵教授昨天住院了。

Nǐ tīngshuō le ma? Wǒmen zhuānyè de Zhào jiàoshòu zuótiān zhù yuàn le.

너 들었어? 우리 전공 조 교수님 어제 입원하셨대.

真的假的？平时看他挺健康的，怎么就生病了？

Zhēn de jiǎ de? Píngshí kàn tā tǐng jiànkāng de, zěnme jiù shēng bìng le?

진짜야 가짜야? 평소에 아주 건강하셨는데, 왜 갑자기 입원하셨지?

단어 腰 yāo 명 허리 | 不得了 bùdéliǎo 형 정도가 극심함을 나타냄 | 干吗 gànmá 대 뭐 하러 | 专业 zhuānyè 명 전공 | 教授 jiàoshòu 명 교수

DAY 066

前几天锻炼的时候，把膝盖给磕破了，真倒霉！

Qián jǐ tiān duànliàn de shíhou, bǎ xīgài gěi kē pò le, zhēn dǎoméi!

며칠 전 운동을 할 때, 무릎이 찢어졌어, 정말 재수가 없구나!

'把자문'이나 '被자문'에 '给'가 쓰이면 '~을 주다'의 뜻이 아니라, '给' 뒤의 동사를 강조하는 어감으로 쓰여요. 생략 가능합니다.

확장연습

1. 我把这本书给弄丢了。
   Wǒ bǎ zhè běn shū gěi nòng diū le.
   난 이 책을 잃어버렸어.

2. 我被妈妈给批评了。
   Wǒ bèi māma gěi pīpíng le.
   나 엄마한테 혼났어.

3. 我也给忘了。
   Wǒ yě gěi wàng le.
   나도 까먹었어.

PLUS 표현

1 最近总是磕磕碰碰的，到处都是伤，真倒霉！

Zuìjìn zǒngshì kēkēpèngpèng de, dàochù dōu shì shāng, zhēn dǎoméi!

요즘 맨날 여기저기 부딪치네, 온통 상처야. 정말 재수 없네!

2 就今天没带伞，外面倒下大雨，真倒霉！

Jiù jīntiān méi dài sǎn, wàimiàn dào xià dàyǔ, zhēn dǎoméi!

오늘만 우산을 안 가져왔는데, 하필 밖에 비가 오네. 정말 재수 없다!

대화

最近几次去健身房总是受伤，不是扭伤就是拉伤，真倒霉！

Zuìjìn jǐ cì qù jiànshēnfáng zǒngshì shòu shāng, bú shì niǔ shāng jiù shì lā shāng, zhēn dǎoméi!

요즘 헬스클럽에 가면 맨날 다쳐, 삐거나 근육이 늘어나거나, 정말 재수 없어!

你得小心，一定要做好热身运动，千万不要大意。

Nǐ děi xiǎoxīn, yídìng yào zuò hǎo rè shēn yùndòng, qiānwàn búyào dàyi.

조심해야 해, 준비 운동은 꼭 해야 하고, 절대 방심하면 안 돼.

단어 膝盖 xīgài ㊔ 무릎 | 磕破 kēpò 부딪쳐서 다치다(찢어지다) | 到处 dàochù ㊕ 도처에, 곳곳에 | 扭伤 niǔ shāng ㊖ 삐다 | 拉伤 lā shāng ㊖ (근육이) 늘어나다 | 热身运动 rè shēn yùndòng 준비 운동 | 大意 dàyi ㊗ 소홀히 하다

진준·성구현의
음원 바로 듣기

DAY 067

一旦生病就什么都做不了了，身体是本钱！

Yídàn shēng bìng jiù shénme dōu zuò bu liǎo le, shēntǐ shì běnqián!

일단 아프면 아무것도 할 수 없게 돼, (건강한) 몸이 밑천이야!

'什么都~'는 '아무것도, 무엇이든'이라는 뜻의 관용어예요.

확장연습

1 我什么都没吃。

Wǒ shénme dōu méi chī.

나 아무것도 안 먹었어.

2 他在家什么都不干。

Tā zài jiā shénme dōu bú gàn.

걔는 집에서 아무것도 안 해.

3 我觉得老师什么都知道。

Wǒ juéde lǎoshī shénme dōu zhīdao.

선생님은 모든 걸 다 아시는 거 같아.

PLUS 표현

1 身体是本钱，比什么事情都重要！

Shēntǐ shì běnqián, bǐ shénme shìqing dōu zhòngyào!

몸이 밑천이야. 무엇보다 중요해!

2 "身体是本钱，健康是财富"，一定要照顾好自己。

"Shēntǐ shì běnqián, jiànkāng shì cáifù", yídìng yào zhàogù hǎo zìjǐ.

'몸이 밑천이고, 건강이 부'라고 하잖아. 자기 자신을 잘 돌봐야 해.

대화

到了年底，公司里的业务忙都忙不完，
连吃饭的时间都没有！

Dào le niándǐ, gōngsī li de yèwù máng dōu máng bu wán,
lián chī fàn de shíjiān dōu méiyǒu!

연말이 되면 회사 업무가 해도 해도 안 끝나, 밥 먹을 시간도 없다니까!

工作再重要也比不过自己的身体，
身体是本钱！

Gōngzuò zài zhòngyào yě bǐ bu guò zìjǐ de shēntǐ,
shēntǐ shì běnqián!

일이 아무리 중요해도 자신의 몸과는 비교가 안 되죠,
몸이 밑천이에요!

'比不过'는
'무엇과도 비교가 안 된다,
비교할 수 없다,
어림도 없다'는
뜻의 관용어예요.

Chapter 07

단어 一旦 yídàn ㊔ 일단 | 本钱 běnqián ㊔ 밑천 | 财富 cáifù ㊔ 부, 재산 | 业务 yèwù ㊔ 업무 | 比不过 bǐ bu guò 비교가 안 된다

DAY 068

喝适量的葡萄酒能够促进消化，但千万不可过量。

Hē shìliàng de pútaojiǔ nénggòu cùjìn xiāohuà, dàn qiānwàn bùkě guò liàng.

적당한 양의 와인을 마시면 소화를 도울 수 있지만, 절대 과음해서는 안 된다.

'能够'는 '충분히 ~을(를) 해낼 수 있다'는 뜻이에요. 의미는 '能'과 크게 다르지 않지만, '충분하다'는 뜻의 '够'와 함께 쓰여 그 의미를 더욱 강조하죠.

확장연습

1. 这项任务他们能够完成。
   Zhè xiàng rènwu tāmen nénggòu wánchéng.
   이 임무는 그들이 완성해낼 수 있다.

2. 我能够解决这个问题。
   Wǒ nénggòu jiějué zhège wèntí.
   난 이 문제를 충분히 해결할 수 있다.

3. 他能够独立做生意了。
   Tā nénggòu dúlì zuò shēngyi le.
   쟤는 충분히 혼자서 사업할 수 있어.

PLUS 표현

1 油炸的食品虽然好吃，然而不可过量。

Yóuzhá de shípǐn suīrán hǎochī, rán'ér bùkě guò liàng.

튀긴 음식은 맛있지만, 과하게 먹어서는 안 돼.

2 生病时服药不可过量，以免伤身体。

Shēng bìng shí fú yào bùkě guò liàng, yǐmiǎn shāng shēntǐ.

병났을 때 약을 과하게 먹으면 안 돼. 몸 상하지 않도록 말이야.

대화

你怎么天天只吃零食不吃饭？再好吃的东西，
也不可过量。

Nǐ zěnme tiāntiān zhǐ chī língshí bù chī fàn? Zài hǎochī de dōngxi, yě bùkě guò liàng.

너 왜 매일 간식만 먹고 밥은 안 먹니? 아무리 맛있어도 과하게 먹으면 안 돼.

我也知道这个道理，
但是我就是管不住我的嘴！

Wǒ yě zhīdao zhège dàolǐ, dànshì wǒ jiù shì guǎn bu zhù wǒ de zuǐ!

나도 그 이치는 아는데, 내 입이 내 마음대로 안 돼!

'管不住'는 '마음대로 통제가 되지 않는다'라는 뜻으로 보통 본인의 의지대로 통제가 되지 않을 때 쓰이며, '입단속이 안 된다, 자꾸 과소비를 한다' 등의 의미로 사용해요.

예 管不住手 자꾸 뭘 산다

Chapter 07

단어 葡萄酒 pútaojiǔ 명 와인, 포도주 | 促进 cùjìn 동 촉진하다 | 消化 xiāohuà 동 소화하다 | 过量 guò liàng 동 분량을 초과하다 | 油炸 yóuzhá 기름에 튀기다 | 服药 fú yào 동 약을 복용하다 | 以免 yǐmiǎn 접 ~하지 않기 위해서 | 零食 língshí 명 간식, 과자

DAY 069

진준 · 성구현의
음원 바로 듣기

戴口罩也不一定百分之百安全，凡事都有万一。

Dài kǒuzhào yě bù yídìng bǎi fēn zhī bǎi ānquán, fánshì dōu yǒu wànyī.

마스크를 쓴다고 꼭 100% 안전한 건 아니야, 모든 일에는 예외가 있어.

'不一定'은 '꼭 그런 건 아니다'라는 뜻으로 부분 부정을 나타내며, 단독으로도 사용 가능해요.

확장연습

1. 他不一定知道这件事情。
   Tā bù yídìng zhīdao zhè jiàn shìqing.
   그가 꼭 이 일을 알고 있는 건 아니야.

2. 老师不一定知道一切。
   Lǎoshī bù yídìng zhīdao yíqiè.
   선생님이 꼭 모든 것을 아는 건 아니야.

3. 英语好的人不一定都是聪明的人。
   Yīngyǔ hǎo de rén bù yídìng dōu shì cōngming de rén.
   영어 잘하는 사람이 꼭 똑똑한 건 아니야.

PLUS 표현

1 你好好想一想为什么总是生病，凡是都有原因。

Nǐ hǎohāo xiǎng yi xiǎng wèi shénme zǒngshì shēng bìng, fánshì dōu yǒu yuányīn.

너 잘 생각해 봐, 왜 계속 아픈 건지. 모든 일에는 원인이 있어.

2 做一件事情肯定有好有坏，凡是都有两面性。

Zuò yí jiàn shìqing kěndìng yǒu hǎo yǒu huài, fánshì dōu yǒu liǎngmiànxìng.

일을 할 때는 좋은 점도 있고 나쁜 점도 있게 마련이야. 모든 것에는 양면성이 있지.

대화

我这次生病没有去旅行，反而让我有机会参加这次活动。

Wǒ zhè cì shēng bìng méiyǒu qù lǚxíng, fǎn'ér ràng wǒ yǒu jīhuì cānjiā zhè cì huódòng.

이번에 아파서 여행을 못 갔는데, 오히려 이번 행사에 참가할 수 있는 기회가 주어졌어.

凡是都有两面性，会发生什么事情，谁也说不好。

Fánshì dōu yǒu liǎngmiànxìng, huì fāshēng shénme shìqing, shéi yě shuō bu hǎo.

모든 일에는 양면성이 있어. 무슨 일이 일어날지는 아무도 장담 못 해.

단어 口罩 kǒuzhào ⓜ 마스크 | 凡事 fánshì ⓜ 만사 | 万一 wànyī ⓜ 예외, 만일 | 两面性 liǎngmiànxìng ⓜ 양면성

DAY 070

진준 · 성구현의
음원 바로 듣기

昨天偏头痛又犯了，做什么都没心情。

Zuótiān piāntóutòng yòu fàn le, zuò shénme dōu méi xīnqíng.

어제 편두통이 재발해서, 뭘 해도 기분이 안 나.

'又~了'는 '또 ~했다'의 뜻으로 과거 사실에 대한 반복의 뜻을 나타내요. '又犯了'는 고질병이 재발했을 때 많이 쓰고, '又来了'는 '또 시작이네'라는 관용어로 많이 쓰여요.

확장연습

1 去朋友家又迷路了。

Qù péngyou jiā yòu mí lù le.

친구 집에 갈 때 또 길을 잃었어.

2 我今天又忘吃药了。

Wǒ jīntiān yòu wàng chī yào le.

나는 오늘 약 먹는 것을 또 잊었어.

3 他们两个人又分手了。

Tāmen liǎng ge rén yòu fēn shǒu le.

그 둘은 또 헤어졌어.

PLUS 표현

1 过敏性鼻炎又犯了，吃什么都没味道。

Guòmǐnxìng bíyán yòu fàn le, chī shénme dōu méi wèidao.

알레르기성 비염이 또 도졌네, 뭘 먹어도 맛이 안 느껴져.

2 冬天到了，外面太冷，做什么都没兴趣。

Dōngtiān dào le, wàimiàn tài lěng, zuò shénme dōu méi xìngqù.

겨울이 돼서 밖이 너무 추워, 무엇을 해도 재미가 없어.

대화

再吃一口吧，你胃口也太小了吧？

Zài chī yì kǒu ba, nǐ wèikǒu yě tài xiǎo le ba?

좀 더 먹어, 입맛이 너무 없는 거 아냐?

换季的时候，我的过敏性鼻炎就犯，总是打喷嚏，吃什么都没味道。

Huàn jì de shíhou, wǒ de guòmǐnxìng bíyán jiù fàn, zǒngshì dǎ pēntì, chī shénme dōu méi wèidao.

환절기 때면 내 알레르기성 비염이 도져. 계속 재채기가 나고, 뭘 먹어도 맛이 안 느껴져.

단어 偏头痛 piāntóutòng 명 편두통 | 迷路 mí lù 동 길을 잃다 | 过敏性鼻炎 guòmǐnxìng bíyán 알레르기성 비염 | 味道 wèidao 명 맛 | 胃口 wèikǒu 명 입맛, 식욕 | 打喷嚏 dǎ pēntì 재채기하다

연습문제 Ⅶ

우리말에 맞게 중국어로 써 본 후 문장을 읽어 보세요.

1 내일 아니면 모레 （或者）

➡ ______________________________

2 넌 어째서 사흘이 멀다 하고 감기에 걸리니? （三天两头）

➡ ______________________________？

3 영화 감상은 스트레스 해소에 도움이 된다. （有助于）

➡ ______________________________。

4 그는 단번에 답을 맞혔어. （一下子就）

➡ ______________________________。

5 잘 있다가 왜 화를 내? （好端端的）

➡ ______________________________？

6 나도 까먹었어. （给）

➡ ______________________________。

7 선생님은 모든 걸 다 아시는 거 같아. （什么都）

➡ ______________________________。

8 난 이 문제를 충분히 해결할 수 있다. （能够）

➡ ______________________________。

9 영어 잘하는 사람이 꼭 똑똑한 건 아니야. （不一定）

➡ ______________________________。

10 나는 오늘 약 먹는 것을 또 잊었어. （又~了）

➡ ______________________________？

정답 p.251

진준 · 성구현의 음원 바로 듣기

진준의 心灵鸡汤

＊心灵鸡汤 xīnlíng jītāng : 마음을 치유해 주는 이야기

吃

朋友，你是“吃货”吗?

Péngyou, nǐ shì “chīhuò” ma?

最近“吃货”,“吃播”这样的单词在网络上很盛行。

Zuìjìn “chīhuò”, “chī bō” zhèyàng de dāncí zài wǎngluò shang hěn shèngxíng.

不管是什么样的电视节目、电影、电视剧、娱乐综艺都离不开“吃”的主题。

Bùguǎn shì shénme yàng de diànshì jiémù, diànyǐng、diànshìjù、yúlè zōngyì dōu lí bu kāi “chī” de zhǔtí.

没办法，谁让我们“民以食为本”呢?

Méi bànfǎ, shéi ràng wǒmen “mín yǐ shí wéi běn” ne?

但是，“吃”也要吃得好，吃出美味，重点在于吃什么，还有在哪里吃。

Dànshì, “chī” yě yào chī de hǎo, chīchu měiwèi, zhòngdiǎn zàiyú chī shénme, hái yǒu zài nǎli chī.

有很多信息是关于“美食店”的，以至于人们每次去旅行的时候，

Yǒu hěn duō xìnxī shì guānyú “měishí diàn” de, yǐzhìyú rénmen měi cì qù lǚxíng de shíhou,

都会去那些网红店或者是美食店去打卡！请问，你有什么美味要推荐吗?

dōu huì qù nàxiē wǎnghóng diàn huòzhě shì měishí diàn qù dǎ kǎ! Qǐngwèn, nǐ yǒu shénme měiwèi yào tuījiàn ma?

먹다

여러분은 먹는 걸 좋아하시나요?
요즘은 '먹보', '먹방' 이런 단어들이 인터넷에서 매우 유행하고 있어요.
어떤 TV 프로그램, 영화, 드라마, 예능이든지 '먹다'라는 주제를 벗어나지 않아요.
어쩔 수 없죠, 사람은 밥을 먹고 살아야 하니까요.
하지만, 먹는 것도 다 같은 먹는 것은 아니에요.
어디서 먹는지, 어떤 걸 먹는지를 조금 따져봐야 합니다.
'맛집' 정보도 다양해서 사람들이 여행 갈 때마다 핫플레이스나 맛집에 가서 인증샷을 남기곤 하죠!
여러분도 추천할 만한 본인만의 맛집이 있나요?

Chapter 07

진짜
중국어

Chapter 08

DAY 071	不可以出尔反尔，一定要说话算话。
DAY 072	趁着年轻，多多积累经验和人脉，多个朋友多条路。
DAY 073	我认为吸烟有百害而无一利。
DAY 074	心急吃不了热豆腐，这件事过完年再说。
DAY 075	每个人都有自己的强项，老天是公平的。
DAY 076	他一点儿礼貌都没有，说话不经过大脑。
DAY 077	我吃不惯中国菜，有没有什么妙招?
DAY 078	这两天天气忽冷忽热，不感冒才怪呢!
DAY 079	你凭什么管我啊，管好你自己吧。
DAY 080	我看你最近忙得不得了，别太拼了。

DAY 071

不可以出尔反尔，一定要说话算话。

Bù kěyǐ chū ěr fǎn ěr, yídìng yào shuō huà suànhuà.

언행이 불일치하면 안 돼, 뱉은 말은 반드시 지켜야 해.

'말한 건 지킨다' 혹은 '말한 건 지켜라!'라고 할 때 '说话算话'이 4글자 조합을 사용해요. 비슷한 표현으로는 '说话算数'가 있어요. 반대로 '말한 걸 지키지 않는다'는 표현을 할 때는 '说话不算数'라고 하면 됩니다.

확장연습

1. 真的吗？你说话算话啊！
   Zhēn de ma? Nǐ shuō huà suànhuà a!
   진짜야? 너 약속 지켜라!

2. 他是个说话算话的人。
   Tā shì ge shuō huà suànhuà de rén.
   그는 한 번 뱉은 말은 지키는 사람이다.

3. 你怎么总是说话不算话呢！
   Nǐ zěnme zǒngshì shuō huà bú suànhuà ne!
   넌 어째서 늘 뱉은 말을 안 지키니!

PLUS 표현

1 他这个人总是出尔反尔，不要相信他。

Tā zhège rén zǒngshì chū ěr fǎn ěr, búyào xiāngxìn tā.

그는 항상 언행이 불일치해. 그를 믿으면 안 돼.

2 你放心，我说话算话，绝对不会出尔反尔。

Nǐ fàng xīn, wǒ shuō huà suànhuà, juéduì bú huì chū ěr fǎn ěr.

안심해. 나 말한 건 지켜. 절대 이랬다저랬다 하지 않아.

'出尔反尔'은 '언행이 불일치하다' 또는 '이랬다저랬다 하다'는 뜻의 사자성어예요.

대화

不要总是出尔反尔，你再这样，我以后就不相信你的话了。

Búyào zǒngshì chū ěr fǎn ěr, nǐ zài zhèyàng, wǒ yǐhòu jiù bù xiāngxìn nǐ de huà le.

이랬다저랬다 하지 마, 또 그러면 앞으로 네 말은 믿지 않을 거야.

对不起，我真的不是故意的。

Duìbuqǐ, wǒ zhēn de bú shì gùyì de.

미안해, 진짜 고의는 아니야.

단어 出尔反尔 chū ěr fǎn ěr ㊅ 언행이 불일치하다 | 说话算话 shuō huà suànhuà 말한 건 지키다 | 相信 xiāngxìn ㊍ 믿다 | 绝对 juéduì ㊄ 절대 | 故意 gùyì ㊄ 고의로, 일부러

진준·성구현의
음원 바로 듣기

DAY 072

趁着年轻，多多积累经验和人脉，多个朋友多条路。

Chèn zhe niánqīng, duōduō jīlěi jīngyàn hé rénmài, duō ge péngyou duō tiáo lù.

젊을 때는 경험도 많이 쌓고, 인맥도 늘려야 한다. 친구가 많으면 길도 많이 열린다.

'趁'은 '~을 틈타, ~을 이용해서'의 의미로, 문장 맨 앞에 주로 쓰여요. 바로 뒤에 '着'와 함께 사용해도 되며, '利用'으로도 대체 가능해요.

확장연습

1. 趁这次机会，我一定会去那儿的。
   Chèn zhè cì jīhuì, wǒ yídìng huì qù nàr de.
   이번 기회를 이용해서 난 반드시 거기 갈 거야.

2. 趁着这个周末，我们一家人一起去公园玩。
   Chèn zhe zhège zhōumò, wǒmen yìjiārén yìqǐ qù gōngyuán wán.
   이번 주말을 이용해서 우리 가족은 공원에 가서 놀 거야.

3. 趁热吃吧。
   Chèn rè chī ba.
   뜨거울 때 먹어.

PLUS 표현

1 多个朋友多条路，多个冤家多堵墙。

Duō ge péngyou duō tiáo lù, duō ge yuānjia duō dǔ qiáng.

친구가 많으면 길도 많이 열리고, 원수가 많으면 길을 가로막는 벽이 많아진다.

2 在家靠父母，在外靠朋友，
多个朋友多条路。

Zài jiā kào fùmǔ, zài wài kào péngyou,
duō ge péngyou duō tiáo lù.

집에서는 부모님께 의지하고, 밖에서는 친구에게 의지한다. 친구가 많으면 길도 많이 열리기 마련이다.

'冤家'는 사전상에서는 '원수'라는 뜻인데, 연인이나 배우자, 자식을 표현할 때 사용할 수 있는 재미있는 표현이에요. 한국어로 '아이고, 이 원수야!'라고 한다면 중국어로는 '你真是个冤家!'라고 표현하시면 돼요.

대화

趁这次机会多去认识几个朋友，多个朋友多条路嘛！

Chèn zhè cì jīhuì duō qù rènshi jǐ ge péngyou, duō ge péngyou duō tiáo lù ma!

이번 기회를 틈타 친구 몇 명 더 사귀어 둬. 친구가 많으면 길도 많이 열려.

你说得对，进入社会以后我发现，人际关系非常重要。

Nǐ shuō de duì, jìnrù shèhuì yǐhòu wǒ fāxiàn, rénjì guānxi fēicháng zhòngyào.

네 말이 맞아. 사회생활하면서 인간관계가 매우 중요하다는 걸 알았어.

단어 人脉 rénmài ⓜ 인맥 | 条 tiáo ⓨ 길을 세는 양사 | 冤家 yuānjia ⓜ 원수 | 靠 kào ⓓ 의지하다

Chapter 08

진준 · 성구현의 음원 바로 듣기

DAY 073

我认为吸烟有百害而无一利。

Wǒ rènwéi xī yān yǒu bǎi hài ér wú yí lì.

나는 흡연은 백해무익하다고 생각해.

'认为'는 '觉得'와 같은 뜻으로 사용해도 무방합니다. '~라고 생각하다'의 뜻으로 '认为'는 구어보다는 서면어로 많이 쓰이며, '觉得' 보다 조금 더 객관적인 판단 또는 주장에 많이 사용됩니다.

확장연습

1. 我认为手机的作用越来越大了。
   Wǒ rènwéi shǒujī de zuòyòng yuèláiyuè dà le.
   내 생각엔 휴대전화의 역할이 점점 커지는 거 같아.

2. 我认为他并不是一个好人。
   Wǒ rènwéi tā bìng bú shì yí ge hǎorén.
   내 생각에 그는 결코 좋은 사람이 아닌 것 같아.

3. 我认为我自己很优秀。
   Wǒ rènwéi wǒ zìjǐ hěn yōuxiù.
   난 내가 우수하다고 생각해.

PLUS 표현

1 开车时不要总是发火，愤怒有百害而无一利。

Kāi chē shí búyào zǒngshì fā huǒ, fènnù yǒu bǎi hài ér wú yí lì.

운전할 때 항상 화내지 마. 분노는 백해무익이야.

2 你要离他远一点，跟他做朋友有百害而无一利。

Nǐ yào lí tā yuǎn yìdiǎn, gēn tā zuò péngyou yǒu bǎi hài ér wú yí lì.

걔랑 좀 떨어져 지내. 걔랑 친구하는 건 백해무익인 거 같아.

대화

我劝你还是把烟戒了吧，吸烟有百害而无一利。

Wǒ quàn nǐ háishi bǎ yān jiè le ba, xī yān yǒu bǎi hài ér wú yí lì.

역시 담배를 끊는 게 좋겠어. 흡연은 백해무익이야.

道理我都懂，但是就是戒不掉！

Dàolǐ wǒ dōu dǒng, dànshì jiù shì jiè bu diào!

이치는 나도 이해하는데, 못 끊겠어!

단어 吸烟 xī yān ⓓ 흡연하다 | 有百害而无一利 yǒu bǎi hài ér wú yí lì 백해무익하다 | 作用 zuòyòng ⓜ 역할, 작용 | 优秀 yōuxiù ⓗ 우수하다 | 愤怒 fènnù ⓗ 분노하다

心急吃不了热豆腐，这件事过完年再说。

Xīn jí chī bu liǎo rè dòufu, zhè jiàn shì guò wán nián zài shuō.

마음이 급하면 일을 성사 시킬 수 없어, 이 일은 설을 쇠고 다시 얘기하자.

'동사+完~再~' 구문은 '~을(를) 다 마친 후에 ~하다'의 뜻을 나타내는 고정격식이에요.

확장연습

1 你做完作业再看电视吧。

Nǐ zuò wán zuòyè zài kàn diànshì ba.

숙제를 다 하고 TV를 보렴.

2 我们商量完再做决定吧。

Wǒmen shāngliang wán zài zuò juédìng ba.

우리 상의를 다 한 후에 결정하자.

3 我吃完午饭再去上课。

Wǒ chī wán wǔfàn zài qù shàng kè.

나는 점심을 다 먹고 수업에 가.

PLUS 표현

1 罗马不是一天建成的，心急吃不了热豆腐。

Luómǎ bú shì yìtiān jiàn chéng de, xīn jí chī bu liǎo rè dòufu.

로마는 하루 아침에 지어진 게 아니야. 인내심이 없으면 일을 성사시킬 수 없어.

2 心急吃不了热豆腐，太着急反而会误大事。

Xīn jí chī bu liǎo rè dòufu, tài zháo jí fǎn'ér huì wù dàshì.

인내심이 없으면 일을 성사시킬 수 없어. 너무 서두르면 도리어 큰일을 망쳐.

대화

快点儿快点儿，你怎么这样慢吞吞的，急死我了都！

Kuài diǎnr kuài diǎnr, nǐ zěnme zhèyàng màntūntūn de, jí sǐ wǒ le dōu!

빨리빨리 좀 해. 왜 이렇게 느려. 급해 죽겠네!

这本来就需要点时间，你再等一下，心急吃不了热豆腐。

Zhè běnlái jiù xūyào diǎn shíjiān, nǐ zài děng yíxià, xīn jí chī bu liǎo rè dòufu.

이거 원래 시간이 좀 필요해, 좀 기다려, 인내심이 없으면 일을 성사시킬 수 없어.

Chapter 08

단어 心急吃不了热豆腐 xīn jí chī bu liǎo rè dòufu ㊋ 조급하게 서두르면 되는 일이 없다 | 过年 guò nián ㊍ 설을 쇠다 | 罗马 Luómǎ ㉤ 로마 | 误 wù ㊍ 망치다, 그르치다 | 慢吞吞 màntūntūn ㊌ 느릿느릿하다

DAY 075

진준 · 성구현의
음원 바로 듣기

每个人都有自己的强项，老天是公平的。

Měi ge rén dōu yǒu zìjǐ de qiángxiàng, lǎotiān shì gōngpíng de.

사람마다 모두 자신의 강점이 있어, 하늘은 공평해.

'每'와 '都'는 자주 호응해요. '都'는 '모두, 전부'의 뜻 이외에도 '每'와 함께 쓰이면 '~마다'의 의미로 사용됩니다.

확장연습

1 我们每年春节都去奶奶家。

Wǒmen měi nián Chūnjié dōu qù nǎinai jiā.

우리는 매년 설에 할머니 댁에 가.

2 每个人都有自己的个性。

Měi ge rén dōu yǒu zìjǐ de gèxìng.

사람마다 자신의 개성이 있다.

3 他每天都去健身房做运动。

Tā měitiān dōu qù jiànshēnfáng zuò yùndòng.

그는 매일 헬스클럽에 가서 운동한다.

PLUS 표현

1 不要总是抱怨，老天是公平的。

Búyào zǒngshì bào yuàn, lǎotiān shì gōngpíng de.

맨날 원망만 하지 마. 하늘은 공평해.

2 善有善报恶有恶报，老天是公平的。

Shàn yǒu shànbào è yǒu èbào, lǎotiān shì gōngpíng de.

착한 일을 하면 좋은 결과가 있고, 나쁜 일을 하면 나쁜 결과가 있는 거야. 하늘은 공평해.

대화

为什么我的努力就得不到回报？气死我了！

Wèi shénme wǒ de nǔlì jiù dé bu dào huíbào? Qì sǐ wǒ le!

왜 내 노력에는 보상이 없는 거야? 화나 죽겠네!

不要着急，以后会有惊喜的，老天是公平的。

Búyào zháo jí, yǐhòu huì yǒu jīngxǐ de, lǎotiān shì gōngpíng de.

너무 조급하게 생각하지 마. 나중에 좋은 일이 있을 거야. 하늘은 공평해.

단어 强项 qiángxiàng 명 강점 | 个性 gèxìng 명 개성 | 抱怨 bào yuàn 동 원망하다 | 善有善报恶有恶报 shàn yǒu shànbào è yǒu èbào 속 착한 일을 하면 좋은 결과가 있고, 나쁜 일을 하면 나쁜 결과가 있다 | 回报 huíbào 동 보상하다 | 惊喜 jīngxǐ 명 기쁜 일

진준·성구현의
음원 바로 듣기

DAY 076

他一点儿礼貌都没有，说话不经过大脑。

Tā yìdiǎnr lǐmào dōu méiyǒu, shuō huà bù jīngguò dànǎo.

그는 예의가 하나도 없어, 말할 때 생각을 안 하고 해.

'一点儿都不~'는 '조금도 ~하지 않다'는 뜻의 고정격식이고, '都' 대신 '也'를 써도 돼요.

확장연습

1. 你真厉害，怎么一点儿都不紧张呢？
   Nǐ zhēn lìhai, zěnme yìdiǎnr dōu bù jǐnzhāng ne?
   너 정말 대단하다, 어쩌면 조금도 긴장을 안 하니?

2. 我看你一点儿都不胖。
   Wǒ kàn nǐ yìdiǎnr dōu bú pàng.
   내가 볼 때 너 하나도 안 뚱뚱해.

3. 我考上了大学，可一点儿也不高兴。
   Wǒ kǎo shàng le dàxué, kě yìdiǎnr yě bù gāoxìng.
   대학에 합격했지만, 조금도 기쁘지 않다.

PLUS 표현

1 每次都这么轻率，说话不经过大脑。

Měi cì dōu zhème qīngshuài, shuō huà bù jīngguò dànǎo.

매번 이렇게 경솔하게 말을 생각 없이 하네.

2 考虑清楚再做决定，
不要做事不经过大脑。

Kǎolǜ qīngchu zài zuò juédìng,
búyào zuò shì bù jīngguò dànǎo.

잘 생각하고 결정해. 아무 생각 없이 일하지 말고.

'经过'는
'~을 거치다'의 뜻이고,
'大脑'는 '뇌, 머리'의 뜻이에요.
'不经过大脑'를 직역하면,
'뇌를 거치지 않고'인데,
보통 '생각 없이, 함부로'의 뜻으로
쓰이는 관용어예요.

대화

你都多大了，还是这样说话不经过大脑？

Nǐ dōu duō dà le, háishi zhèyàng shuō huà bù jīngguò dànǎo?

너 벌써 몇 살인데, 여전히 말을 생각 없이 하니?

对不起，我一定会改掉这个毛病，下次不会了。

Duìbuqǐ, wǒ yídìng huì gǎi diào zhège máobìng, xià cì bú huì le.

죄송해요. 제가 이 고질병은 반드시 고칠게요. 다음부터는 안 그럴게요.

단어 经过 jīngguò ⓓ 거치다, 경과하다 | 大脑 dànǎo ⓜ 뇌, 머리 | 轻率 qīngshuài ⓗ 경솔하다 | 毛病 máobìng ⓜ 고질병

진준 · 성구현의
음원 바로 듣기

DAY 077

我吃不惯中国菜，有没有什么妙招?

Wǒ chī bu guàn Zhōngguócài, yǒu méiyǒu shénme miàozhāo?

나는 중국음식이 입에 안 맞아, 무슨 좋은 방법이 없을까?

동사 뒤에 '不惯'을 사용하면 '~하는 것이 적응이 안 된다' 또는 '습관이 안 되어서 ~을 못한다'의 뜻으로 쓰여요.

확장연습

1 老师看不惯我的所作所为。

Lǎoshī kàn bu guàn wǒ de suǒ zuò suǒ wéi.

선생님은 나의 모든 행동을 거슬려 하셔.

2 我听不惯他的声音。

Wǒ tīng bu guàn tā de shēngyīn.

난 그의 목소리가 적응이 안 돼.

3 我来这里快十年了，可还是住不惯。

Wǒ lái zhèli kuài shí nián le, kě háishi zhù bu guàn.

여기에 온 지 10년이 다 돼가는데 여전히 사는 게 적응이 안 돼.

PLUS 표현

1 我最近总是失眠，你有没有什么妙招？

Wǒ zuìjìn zǒngshì shī mián, nǐ yǒu méiyǒu shénme miàozhāo?

나 요즘 항상 불면인데 무슨 좋은 방법이 있니?

2 节假日吃多了也不胖，我想跟大家分享妙招。

Jiéjiàrì chī duō le yě bú pàng, wǒ xiǎng gēn dàjiā fēnxiǎng miàozhāo.

연휴에 많이 먹어도 살이 안 찌는 비법을 여러분과 공유하고 싶어요.

‘妙招’는 ‘묘수, 뛰어난 재주’라는 뜻인데, 보통 비법, 좋은 방법을 물을 때 자주 써요.

대화

这把椅子很漂亮，但是我怎么坐不习惯，太硬了。

Zhè bǎ yǐzi hěn piàoliang, dànshì wǒ zěnme zuò bù xíguàn, tài yìng le.

이 의자 너무 예쁜데 앉는 걸 적응 못하겠어, 너무 딱딱해.

我教你一个妙招，在上面放一个海绵垫子就好了。

Wǒ jiāo nǐ yí ge miàozhāo, zài shàngmiàn fàng yí ge hǎimián diànzi jiù hǎo le.

좋은 방법을 알려줄게. 위에 스펀지 방석을 깔면 괜찮을 거야.

단어 妙招 miàozhāo ㉮ 묘수, 좋은 방법 | 所作所为 suǒ zuò suǒ wéi 하는 일, 모든 행위 | 节假日 jiéjiàrì ㉮ 명절 및 휴일, 연휴 | 分享 fēnxiǎng ㉯ 공유하다 | 海绵 hǎimián ㉮ 스펀지 | 垫子 diànzi ㉮ 방석

DAY 078

这两天天气忽冷忽热，不感冒才怪呢！

Zhè liǎng tiān tiānqì hū lěng hū rè, bù gǎnmào cái guài ne!

요즘 날씨가 변덕이 심하네, 감기에 걸리지 않는 게 이상하지!

'忽A忽B'는 'A 했다가 또 갑자기 B 하다'의 뜻으로 A와 B는 상반된 의미의 단어가 주로 와요. 보통 '변덕을 부리다'의 의미로 많이 쓰입니다.

확장연습

1. 声音忽高忽低，我听不清楚。
   Shēngyīn hū gāo hū dī, wǒ tīng bu qīngchu.
   소리가 높았다 낮았다 하네, 잘 안 들려.

2. 我们之间的距离好像忽远忽近。
   Wǒmen zhījiān de jùlí hǎoxiàng hū yuǎn hū jìn.
   우리 사이는 멀어졌다 가까워졌다 하는 것 같아.

3. 前面的字好像忽大忽小。
   Qiánmiàn de zì hǎoxiàng hū dà hū xiǎo.
   앞에 글자가 커졌다 작아졌다 하는 것 같아.

PLUS 표현

1 看你心不在焉的样子，不出错才怪呢。

Kàn nǐ xīn bú zài yān de yàngzi, bù chū cuò cái guài ne.

정신을 딴 데 팔고 있는 네 모습을 봐, 실수를 안 하는 게 이상하지.

2 这样不爱惜自己的身体，不生病才怪呢。

Zhèyàng bú àixī zìjǐ de shēntǐ, bù shēng bìng cái guài ne.

이렇게 자기 몸을 아끼지 않으니, 병이 안 나는 게 이상하지.

'不~才怪呢'는 '~ 안 하는 게 이상하다'는 뜻으로 어떤 결과의 당연함을 강조할 때 자주 쓰는 관용구예요.

대화

怎么办，我这次的面试恐怕又是不合格。

Zěnme bàn, wǒ zhè cì de miànshì kǒngpà yòu shì bù hégé.

어떡하지? 이번 면접도 합격 못 할 거 같아.

别人都在认真地做准备，只有你偷懒，能合格才怪呢。

Biéren dōu zài rènzhēn de zuò zhǔnbèi, zhǐ yǒu nǐ tōu lǎn, néng hégé cái guài ne.

다른 사람이 열심히 준비할 때 너만 게으름 피우더니, 합격하는 게 오히려 이상하지.

단어 低 dī ⓗ 낮다 | 距离 jùlí ⓜ 거리 | 心不在焉 xīn bú zài yān ⓢ 정신을 딴 데 팔다, 마음이 딴 데 가 있다 | 爱惜 àixī ⓓ 아끼다 | 偷懒 tōu lǎn ⓓ 게으름을 피우다

진준 · 성구현의 음원 바로 듣기

DAY 079

你凭什么管我啊，管好你自己吧。

Nǐ píng shénme guǎn wǒ a, guǎnhǎo nǐ zìjǐ ba.

네가 뭔데 내 일에 관여하니, 너나 잘해.

'凭什么~?'는 '무슨 근거로 ~하는 거야?'의 어감이며, 단독으로 쓰이면 '네가 뭔데?'로 의역할 수도 있어요.

확장연습

1 我凭什么听你的?

Wǒ píng shénme tīng nǐ de?

네가 뭔데, 내가 너의 말을 들어야 해?

2 你凭什么批评我?

Nǐ píng shénme pīpíng wǒ?

네가 무슨 근거로 날 혼내니?

3 你凭什么发脾气?

Nǐ píng shénme fā píqi?

네가 뭔데 성질을 부려?

PLUS 표현

1 不要说别人不好，管好你自己吧。

Búyào shuō biéren bù hǎo, guǎnhǎo nǐ zìjǐ ba.

다른 사람이 나쁘다고 하지 말고, 너나 잘해.

2 不知道就不要乱说，管好你自己吧。

Bù zhīdào jiù búyào luàn shuō, guǎnhǎo nǐ zìjǐ ba.

모르면 함부로 이야기하지 말고, 너나 잘해.

요즘 인터넷에서 유행하고 있는 표현이에요. 간섭하기 좋아하는 사람, 악플러 등에 대처하는 표현으로 자주 쓰여, 댓글에 많이 사용되고 있어요.

대화

他怎么这么会花钱啊，他们家很有钱吗?

Tā zěnme zhème huì huā qián a, tāmen jiā hěn yǒu qián ma?

걔는 돈을 왜 이렇게 잘 써, 집에 돈이 많은가 봐?

'怎么这么会~'는 '왜 이렇게 ~을 잘해'라는 뜻의 관용구예요.

他花不花钱跟你有什么关系，管好你自己吧。

Tā huā bu huā qián gēn nǐ yǒu shénme guānxi, guǎnhǎo nǐ zìjǐ ba.

걔가 돈을 쓰든 말든 너랑 무슨 상관이야, 너나 잘해.

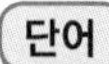

凭 píng 전 ~에 근거하다, ~에 따르다 | 花钱 huā qián 동 돈을 쓰다

DAY 080

진준 · 성구현의
음원 바로 듣기

我看你最近忙得不得了，别太拼了。

Wǒ kàn nǐ zuìjìn máng de bùdéliǎo, bié tài pīn le.

내가 보니 너 요즘 너무 바쁜 거 같더라, 너무 무리하지 마.

술어 뒤에 '~得不得了'를 붙이면 '매우 ~하다, 굉장히 ~하다'라는 뜻이 돼요. 강조하고자 할 때 쓸 수 있는 표현 중 하나입니다.

확장연습

1 开心得不得了。

Kāixīn de bùdéliǎo.

이보다 즐거울 수 없어.

2 累得不得了。

Lèi de bùdéliǎo.

정말 너무 힘들다.

3 这个可以吃吗？我现在饿得不得了。

Zhège kěyǐ chī ma? Wǒ xiànzài è de bùdéliǎo.

이거 먹어도 돼요? 저 지금 배고파 죽겠어요.

PLUS 표현

1. 现在还有的是时间，别太拼了。

Xiànzài hái yǒudeshì shíjiān, bié tài pīn le.

지금 시간은 얼마든지 있으니까, 너무 애쓰지 마.

2. 我觉得还是别太拼了，
要是受伤了怎么办?

Wǒ juéde háishi bié tài pīn le,
yàoshi shòu shāng le zěnme bàn?

너무 무리하지 않는 게 좋겠어, 만약 다치면 어떡해?

'拼'은
'최선을 다하다, 분투하다'의
의미로 '别太拼了'는
'너무 애쓰지 마,
너무 무리하지 마'의
뜻이에요.

대화

没有时间了，想要比别人优秀，我就应该更加努力。

Méiyǒu shíjiān le, xiǎng yào bǐ biérén yōuxiù, wǒ jiù yīnggāi gèngjiā nǔlì.

시간이 없어, 다른 사람보다 뛰어나고 싶으면, 내가 더 노력해야 해.

话倒是没错，但是我还是希望你能爱惜自己，
别太拼了。

Huà dàoshì méi cuò, dànshì wǒ háishi xīwàng nǐ néng àixī zìjǐ,
bié tài pīn le.

말은 맞는데, 그래도 역시 네 자신을 좀 아끼는 게 좋지. 너무 무리하지 마.

단어 拼 pīn ⓓ 최선을 다하다, 분투하다 | 有的是 yǒudeshì 얼마든지 있다

연습문제 VIII

우리말에 맞게 중국어로 써 본 후 문장을 읽어 보세요.

1 넌 어째서 늘 뱉은 말을 안 지키니! （说话不算话）

➡ ______________________________________!

2 뜨거울 때 먹어. （趁）

➡ ______________________________________。

3 난 내가 우수하다고 생각해. （认为）

➡ ______________________________________。

4 숙제를 다 하고 TV를 보렴. （동사 + 完~再~）

➡ ______________________________________。

5 사람마다 자신의 개성이 있다. （都）

➡ ______________________________________。

6 내가 볼 때 너 하나도 안 뚱뚱해. （一点儿都不~）

➡ ______________________________________。

7 난 그의 목소리가 적응이 안 돼. （听不惯）

➡ ______________________________________。

8 소리가 높았다 낮았다 하네, 잘 안 들려. （忽高忽低）

➡ ______________________________________。

9 네가 뭔데 성질을 부려? （凭什么）

➡ ______________________________________?

10 정말 너무 힘들다. （~得不得了）

➡ ______________________________________。

정답 p.251

진준의 心灵鸡汤

진준 · 성구현의
음원 바로 듣기

* 心灵鸡汤 xīnlíng jītāng : 마음을 치유해 주는 이야기

电子产品

朋友们，大家在早上睁开眼睛后，做的第一件事情是什么？
Péngyoumen, dàjiā zài zǎoshang zhēng kāi yǎnjing hòu, zuò de dì-yī jiàn shìqing shì shénme?

洗脸？刷牙？不！我觉得应该是看手机。
Xǐ liǎn? Shuā yá? Bù! Wǒ juéde yīnggāi shì kàn shǒujī.

这说明我们的生活已经变得与电子产品密不可分了。
Zhè shuōmíng wǒmen de shēnghuó yǐjīng biàn de yǔ diànzǐ chǎnpǐn mì bù kě fēn le.

除了吃饭、洗衣服等家务，还有联络他人，与世界沟通，
Chúle chī fàn、xǐ yīfu děng jiāwù, hái yǒu liánluò tārén, yǔ shìjiè gōutōng,

这些怎么可能没有电子产品的介入？
zhèxiē zěnme kěnéng méiyǒu diànzǐ chǎnpǐn de jièrù?

这是科技发达的象征，也是生活水平的上升。
Zhè shì kējì fādá de xiàngzhēng, yě shì shēnghuó shuǐpíng de shàngshēng.

전자 제품

여러분은 아침에 일어나면 제일 처음으로 하는 일이 무엇인가요?
세수? 양치질? 아닐 걸요? 저는 당연히 휴대전화를 보는 일이라 생각해요.
이건 우리들의 삶이 이미 전자 제품과 떼려야 뗄 수 없는
밀접한 관계를 가지고 있다는 걸 의미하죠.
밥 먹고 빨래하는 등의 집안일부터 다른 사람과 연락하고 세상과 소통하는 것에 이르기까지
전자 제품이 없이 어떻게 가능하겠어요?
이는 과학 기술이 발전하고 있다는 뜻이고, 생활 수준 또한 나날이 향상하고 있다는 것을 의미해요.

진짜
중국어

Chapter 09

DAY 081 不要这么认真嘛！只是开玩笑而已。

DAY 082 他们俩怎么总是吵个不停，没完没了。

DAY 083 我现在走不开，我看还不如明天去。

DAY 084 我要去买面包，顺便去书店买点儿书，要不要帮你带点儿什么?

DAY 085 现在很多年轻人离不开手机，手机成为了生活必需品。

DAY 086 因为天气不好，所以不得不取消这次旅游。

DAY 087 赶紧把护照拿出来！不要拖拖拉拉。

DAY 088 比上次去过的地方漂亮多了，没法比。

DAY 089 希望大家旅途愉快，不枉此行。

DAY 090 听说这里是网红打卡地，我是头一次来。

진준 · 성구현의
음원 바로 듣기

DAY 081

不要这么认真嘛！只是开玩笑而已。

Búyào zhème rènzhēn ma! Zhǐshì kāi wánxiào éryǐ.

너무 진지해 하지 마! 그냥 농담한 거야.

'只是~而已'는 '단지 ~일 뿐이다'의 뜻으로, 맨 뒤에 '而已' 대신 '罢了'를 쓰기도 하며 생략도 가능해요.

확장연습

1 这只是水而已！

Zhè zhǐshì shuǐ éryǐ!

이거 그냥 물일 뿐이야!

2 我只是说一下而已。

Wǒ zhǐshì shuō yíxià éryǐ.

난 그냥 말해주는 것 뿐이야.

3 只是想跟你聊一聊罢了。

Zhǐshì xiǎng gēn nǐ liáo yi liáo bàle.

단지 너랑 이야기를 좀 하고 싶을 뿐이야.

PLUS 표현

1 只是一个游戏，你不要这么认真。

Zhǐshì yí ge yóuxì, nǐ búyào zhème rènzhēn.

게임일 뿐이야. 너무 진지해 하지 마.

2 简单一点儿就可以了，你不要这么认真。

Jiǎndān yìdiǎnr jiù kěyǐ le, nǐ búyào zhème rènzhēn.

간단하게 하면 돼. 너무 진지해 하지 마.

대화

好紧张啊，我从来没有参加过这样的聚会。

Hǎo jǐnzhāng a, wǒ cónglái méiyǒu cānjiā guo zhèyàng de jùhuì.

엄청 긴장된다. 여태껏 이런 모임에 참석해 본 적이 없거든.

只是朋友们在一起吃饭而已，放松一点。

Zhǐshì péngyoumen zài yìqǐ chī fàn éryǐ, fàngsōng yìdiǎn.

친구들끼리 밥 한 끼 먹는 것뿐이야. 긴장 풀어.

단어 开玩笑 kāi wánxiào 농담하다 | 而已 éryǐ ~일 뿐이다 | 聚会 jùhuì ⓜ 모임

진준 · 성구현의
음원 바로 듣기

DAY 082

他们俩怎么总是吵个不停，没完没了。

Tāmen liǎ zěnme zǒngshì chǎo ge bù tíng, méi wán méi liǎo.

저 둘은 어째서 자꾸 다투는 거야, 끝이 없네.

'~个不停'은 '멈추지 않고 ~하다, 끊임없이 ~하다'의 뜻인 고정격식이에요.

확장연습

1. 我孩子买个不停，怎么办？
   Wǒ háizi mǎi ge bù tíng, zěnme bàn?
   우리 아이가 끊임없이 무언가를 사요, 어떡하죠?

2. 他总是说个不停。
   Tā zǒngshì shuō ge bù tíng.
   그는 항상 끊임없이 말한다.

3. 我今天吐个不停。
   Wǒ jīntiān tù ge bù tíng.
   나 오늘 계속 토해.

PLUS 표현

1 他这个人真能说呀，从早到晚没完没了。

Tā zhège rén zhēn néng shuō ya, cóng zǎo dào wǎn méi wán méi liǎo.

그는 정말 말을 잘하는구나. 아침부터 저녁까지 끝이 없네.

2 两个老同学好久没有见面了，
聊起天来没完没了。

Liǎng ge lǎo tóngxué hǎo jiǔ méiyǒu jiàn miàn le,
liáo qǐ tiān lái méi wán méi liǎo.

옛 동창 둘이 오랜만에 만나서 수다 떨기 시작하니 끝이 없네.

'没完没了'는 '끝이 없다'의 뜻으로 이때 '了'는 'le'가 아니라 'liǎo'로 발음하는 것에 주의해야 해요.

대화

妈妈唠叨起来简直没完没了，我耳朵都起茧子了。

Māma láodao qǐlai jiǎnzhí méi wán méi liǎo, wǒ ěrduo dōu qǐ jiǎnzi le.

엄마가 잔소리를 시작하면 정말 끝이 없다니까, 귀에 못이 박히겠어.

她也是为你好，每天都在为家人操心。

Tā yě shì wèi nǐ hǎo, měitiān dōu zài wèi jiārén cāo xīn.

그녀도 널 위한 거야. 매일 가족을 위해 마음 쓰는 거지.

Chapter 09

단어 吵 chǎo 동 다투다, 싸우다 | 吐 tù 동 토하다 | 唠叨 láodao 동 잔소리하다 | 茧子 jiǎnzi 명 굳은살 | 操心 cāo xīn 동 마음을 쓰다, 걱정하다

진준 · 성구현의 음원 바로 듣기

DAY 083

我现在走不开，我看还不如明天去。

Wǒ xiànzài zǒu bu kāi, wǒ kàn hái bùrú míngtiān qù.

내가 지금 자리를 비울 수 없어, 내일 가는 게 나을 듯해.

'A不如B'는 'A하느니 차라리 B하는 게 낫다'는 의미의 고정격식이에요. '不如' 앞에 '还'가 쓰이는 경우가 많고, 좀 더 정확하게 표현하고자 할 때는 '与其A, 还不如B'라고 써도 무방해요.

확장연습

1. 与其天天跟你吵架，还不如分手！
   Yǔqí tiāntiān gēn nǐ chǎo jià, hái bùrú fēn shǒu!
   날마다 너와 싸우느니 헤어지는 게 낫겠어!

2. 还不如我选！
   Hái bùrú wǒ xuǎn!
   내가 고르는 게 낫겠다!

3. 还不如现在去买。
   Hái bùrú xiànzài qù mǎi.
   지금 사러 가는 게 낫겠어.

PLUS 표현

1 没想到从头到尾我一直走不开。

Méi xiǎng dào cóngtóu dào wěi wǒ yìzhí zǒu bu kāi.

내가 처음부터 끝까지 계속 있게 될 줄은 생각지도 못했어.

2 孩子还小，不能把他一个人留在家里，我走不开。

Háizi hái xiǎo, bù néng bǎ tā yí ge rén liú zài jiā li, wǒ zǒu bu kāi.

애가 아직 어려서 혼자 집에 놔둘 수 없어, 못 가겠다.

'~不开'는 기본적으로는 '~할 수 없다'의 의미인데, 앞에 어떤 동사가 붙느냐에 따라 뉘앙스가 조금씩 달라져요. 예를 들어 '想不开'는 '꽁하게 생각하다', '分不开'는 '떼어 놓을 수가 없다', '打不开'는 '열리지 않다'의 의미예요.

대화

喂，我们都聚在一起，你也出来跟大家见见面，怎么样？

Wéi, wǒmen dōu jù zài yìqǐ, nǐ yě chūlai gēn dàjiā jiànjian miàn, zěnmeyàng?

여보세요, 우리 다 같이 모여있는데, 너도 나와서 사람들이랑 좀 만나는 거 어때?

不好意思，我现在暂时走不开，一会儿再给你打电话。

Bù hǎoyìsi, wǒ xiànzài zànshí zǒu bu kāi, yíhuìr zài gěi nǐ dǎ diànhuà.

미안해, 지금은 못 나가, 잠시 후에 내가 다시 전화할게.

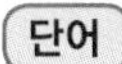

吵架 chǎo jià ⓢ 싸우다 | 分手 fēn shǒu ⓢ 헤어지다 | 从头到尾 cóngtóu dào wěi 처음부터 끝까지 | 暂时 zànshí ⓗ 잠시, 잠깐

진준 · 성구현의
음원 바로 듣기

DAY 084

我要去买面包，顺便去书店买点儿书，要不要帮你带点儿什么?

Wǒ yào qù mǎi miànbāo, shùnbiàn qù shūdiàn mǎi diǎnr shū, yào bu yào bāng nǐ dài diǎnr shénme?

나 빵 사러 갈 건데, 가는 김에 서점에 가서 책 좀 사려고. 뭐 좀 사다 줄까?

주로 쉼표 바로 뒤에 오는 '顺便'은 '~하는 김에, 겸사겸사'라는 의미예요.

확장연습

1. 你要去喝咖啡? 顺便帮我买一杯拿铁。
   Nǐ yào qù hē kāfēi? Shùnbiàn bāng wǒ mǎi yì bēi nátiě.
   커피 마시러 가게? 가는 김에 나 라떼 한 잔 사다 줘.

2. 可不可以顺便擦一下这里?
   Kě bu kěyǐ shùnbiàn cā yíxià zhèli?
   하는 김에 여기 닦아 줄 수 있어?

3. 顺便练习一下口语。
   Shùnbiàn liànxí yíxià kǒuyǔ.
   내친김에 회화도 연습해 보자.

PLUS 표현

1 这次回国你有没有给我带点儿什么?

Zhè cì huí guó nǐ yǒu méiyǒu gěi wǒ dài diǎnr shénme?

이번에 귀국할 때 나한테 뭐 가져다 준 거 있어?

2 有没有吃早饭? 我帮你带点儿什么?

Yǒu méiyǒu chī zǎofàn? Wǒ bāng nǐ dài diǎnr shénme?

아침 먹었니? 내가 뭐 좀 가져다 줄까?

대화

这么早你去哪里呀? 还没到上班时间吧?

Zhème zǎo nǐ qù nǎli ya? Hái méi dào shàng bān shíjiān ba?

이렇게 일찍 너 어디 가는 거야? 아직 출근 시간 안 되었잖아?

从今天开始我要去爬山，回来时要不要帮你带点儿早餐?

Cóng jīntiān kāishǐ wǒ yào qù pá shān, huílai shí yào bu yào bāng nǐ dài diǎnr zǎocān?

오늘부터 등산하려고. 올 때 아침거리 좀 사다 줄까?

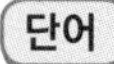 단어 顺便 shùnbiàn 부 ~하는 김에 | 拿铁 nátiě 명 라떼 | 擦 cā 동 닦다 | 口语 kǒuyǔ 명 회화

진준 · 성구현의 음원 바로 듣기

DAY 085

现在很多年轻人离不开手机，手机成为了生活必需品。

Xiànzài hěn duō niánqīngrén lí bu kāi shǒujī, shǒujī chéngwéi le shēnghuó bìxūpǐn.

지금 많은 청년들은 휴대전화가 없으면 안 돼, 휴대전화는 생활 필수품이 되었어.

'A离不开B'는 'A는 B를 절대 뗄 수 없다(떠날 수 없다)'의 의미예요.

확장연습

1. 我的成功离不开父母的帮助。
   Wǒ de chénggōng lí bu kāi fùmǔ de bāngzhù.
   나의 성공은 부모님의 도움을 빼놓을 수 없다.

2. 我永远离不开你。
   Wǒ yǒngyuǎn lí bu kāi nǐ.
   난 영원히 널 떠날 수 없어.

3. 电影离不开音乐。
   Diànyǐng lí bu kāi yīnyuè.
   영화에 음악을 빼놓을 순 없지.

PLUS 표현

1 满足是幸福生活的必需品。

Mănzú shì xìngfú shēnghuó de bìxūpǐn.

만족은 행복한 생활의 필수품이다.

2 努力向上是成功之路的必需品。

Nǔlì xiàngshàng shì chénggōng zhī lù de bìxūpǐn.

노력은 성공으로 가는 길의 필수품이다.

'必需品'은 꼭 어떠한 사물에만 사용하는 단어가 아니라, 어떤 부분에서 없어서는 안 될 존재를 표현할 때 모두 쓸 수 있어요.

대화

最近手机的功能越来越多了，只有想不到，没有做不到。

Zuìjìn shǒujī de gōngnéng yuèláiyuè duō le, zhǐ yǒu xiǎng bu dào, méiyǒu zuò bu dào.

최근 휴대전화 기능이 점점 다양해져. 생각 못하는 건 있어도, 할 수 없는 건 없어.

对啊，手机已经是生活的必需品了，很难想象没有手机的日子。

Duì a, shǒujī yǐjīng shì shēnghuó de bìxūpǐn le, hěn nán xiǎngxiàng méiyǒu shǒujī de rìzi.

맞아, 휴대전화는 생활의 필수품이 되었어. 휴대전화 없는 생활은 상상할 수도 없어.

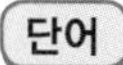

단어 必需品 bìxūpǐn ⓜ 필수품 | 永远 yǒngyuǎn ⓑ 영원히 | 满足 mǎnzú ⓓ 만족하다 | 功能 gōngnéng ⓜ 기능 | 想象 xiǎngxiàng ⓓ 상상하다

DAY 086

因为天气不好，所以不得不取消这次旅游。

Yīnwèi tiānqì bù hǎo, suǒyǐ bù dé bù qǔxiāo zhè cì lǚyóu.

날씨가 나빠서, 이번 여행은 어쩔 수 없이 취소해야 해.

'因为A, 所以B'는 'A하기 때문에 B하다'라는 뜻의 원인과 결과를 나타내는 고정격식이에요.

확장연습

1. 因为汉语很难，所以我每天都学习两个小时。
   Yīnwèi Hànyǔ hěn nán, suǒyǐ wǒ měitiān dōu xuéxí liǎng ge xiǎoshí.
   중국어가 어려워서 난 매일 2시간씩 공부해.

2. 因为老师工作很忙，所以今天不能参加聚会。
   Yīnwèi lǎoshī gōngzuò hěn máng, suǒyǐ jīntiān bù néng cānjiā jùhuì.
   선생님은 일이 너무 바빠서 오늘 모임에 참가할 수 없어.

3. 因为今天生病，所以他没上学。
   Yīnwèi jīntiān shēng bìng, suǒyǐ tā méi shàng xué.
   오늘 아파서 그는 학교에 안 갔어.

PLUS 표현

1 公司临时有事，我不得不取消约会。

Gōngsī línshí yǒu shì, wǒ bù dé bù qǔxiāo yuēhuì.

회사에 잠시 일이 생겨서 약속을 취소할 수 밖에 없었어.

2 因为疫情不得不取消这次订单。

Yīnwèi yìqíng bù dé bù qǔxiāo zhè cì dìngdān.

전염병 때문에 할 수 없이 이번 주문은 취소해야 해.

'因为' 뒤에 반드시 '所以'를 써야 하는 건 아니에요. 어떤 원인 때문에 부득이한 결정을 내려야 할 때는 '因为~不得不'처럼 '所以'를 쓰지 않아도 돼요.

대화

你怎么这个时候在公司？不是说要去参加朋友聚会吗？

Nǐ zěnme zhège shíhou zài gōngsī? Bú shì shuō yào qù cānjiā péngyou jùhuì ma?

너 왜 이 시간에 회사에 있는 거야? 친구와의 모임에 간다고 하지 않았어?

本来是，但是因为客户突然来电话，所以我不得不加班。

Běnlái shì, dànshì yīnwèi kèhù tūrán lái diànhuà, suǒyǐ wǒ bù dé bù jiā bān.

원래는 그랬는데, 고객한테 갑자기 전화가 와서, 야근을 할 수 밖에 없었어.

단어 取消 qǔxiāo ⓢ 취소하다 | 聚会 jùhuì ⓜ 모임 | 临时 línshí ⓑ 잠시, 당분간 | 疫情 yìqíng ⓜ 전염병 | 订单 dìngdān ⓜ 주문(서) | 客户 kèhù ⓜ 고객

진준 · 성구현의 음원 바로 듣기

DAY 087

赶紧把护照拿出来！不要拖拖拉拉。

Gǎnjǐn bǎ hùzhào ná chūlai! Búyào tuōtuolālā.

빨리 여권을 꺼내! 꾸물대지 말고.

'把자문'은 동작의 처치를 강조하기 위해 목적어를 동사 앞으로 옮긴 문장이에요. 그래서 처치 구문이라고도 해요. 즉 'A把B+동사'는 'A가 B를 ~하게 하다'라는 뜻이죠. B 자리에는 명사 또는 명사구가 오고, 동사 뒤에는 반드시 기타 성분이 와야 해요. 기타 성분 자리에는 주로 보어가 와요.

확장연습

1 你去把冰箱里的苹果拿出来。

Nǐ qù bǎ bīngxiāng li de píngguǒ ná chūlai.

너 가서 냉장고 안에 사과를 꺼내 와.

2 请您把您的身份证拿出来。

Qǐng nín bǎ nín de shēnfènzhèng ná chūlai.

신분증 꺼내 주세요.

3 赶快把包里的烟拿出来。

Gǎnkuài bǎ bāo li de yān ná chūlai.

빨리 가방 안에 있는 담배를 꺼내.

PLUS 표현

1 不舒服赶紧去医院，不要拖拖拉拉。

Bù shūfu gǎnjǐn qù yīyuàn, búyào tuōtuolālā.

아프면 빨리 병원 가, 늦장 부리지 말고.

2 拖拖拉拉是一种不良的生活习惯，一定要改掉。

Tuōtuolālā shì yì zhǒng bùliáng de shēnghuó xíguàn, yídìng yào gǎi diào.

질질 끄는 건 나쁜 생활 습관이야. 꼭 고쳐야 해.

'拖拖拉拉'는 '꾸물꾸물하다, 늦장 부리다'의 뜻으로 쓰이는 관용어로 형용사 '拖拉'의 중첩 형태예요.

대화

不要找借口拖拖拉拉，遇到事情就要马上解决。

Búyào zhǎo jièkǒu tuōtuolālā, yù dào shìqing jiù yào mǎshàng jiějué.

핑계 만들어서 자꾸 질질 끌지 마. 일이 생기면 바로 해결해야지.

我也想改掉这个坏毛病，但是不太容易。

Wǒ yě xiǎng gǎi diào zhège huài máobìng, dànshì bú tài róngyì.

나도 이 나쁜 습관을 고치고 싶은데, 쉽지 않아.

단어 护照 hùzhào ⑱ 여권 | 冰箱 bīngxiāng ⑱ 냉장고 | 身份证 shēnfènzhèng ⑱ 신분증 | 毛病 máobìng ⑱ 나쁜 습관, 결점

DAY 088

진준 · 성구현의 음원 바로 듣기

比上次去过的地方漂亮多了，没法比。

Bǐ shàng cì qù guo de dìfang piàoliang duō le, méifǎ bǐ.

지난번에 갔던 곳보다 훨씬 예뻐! 비교가 안 돼.

비교문에서 '훨씬~하다'의 뜻을 나타내고 싶을 때는 술어 뒤에 '~多了, ~得多'를 쓰면 돼요.

확장연습

1 上海比北京热闹多了。

Shànghǎi bǐ Běijīng rènao duō le.

상하이가 베이징보다 훨씬 번화하다.

2 今天比昨天冷多了。

Jīntiān bǐ zuótiān lěng duō le.

오늘이 어제보다 훨씬 춥다.

3 我比他大多了。

Wǒ bǐ tā dà duō le.

내가 그보다 나이가 훨씬 많다.

PLUS 표현

1 过去的生活跟现在根本没法比。

Guòqù de shēnghuó gēn xiànzài gēnběn méifǎ bǐ.

예전 생활과 지금은 비교가 안 돼.

2 两个人的实力差多了，没法比。

Liǎng ge rén de shílì chà duō le, méifǎ bǐ.

두 사람의 실력 차는 크지, 비교가 안 돼.

대화

原来你也喜欢打游戏啊！
改天我们俩切磋一下？

Yuánlái nǐ yě xǐhuan dǎ yóuxì a!
Gǎitiān wǒmen liǎ qiēcuō yíxià?

알고 보니 너도 게임을 좋아하는구나!
언제 한번 우리 둘이 붙어볼까?

'切磋'는 원래 '학문 따위를 토론하고 같이 연구하다'는 뜻이지만, 중국인들은 '한번 겨뤄보자, 누가 더 잘하나 시합하자'라는 뜻으로 사용해요.

我看你比我玩得好多了，我跟你根本没法比。

Wǒ kàn nǐ bǐ wǒ wán de hǎoduō le, wǒ gēn nǐ gēnběn méifǎ bǐ.

네가 나보다 훨씬 잘할 거 같은데, 나는 전혀 상대가 안 돼.

단어 热闹 rènao ⓗ 번화하다 | 根本 gēnběn ⓑ 전혀, 절대 | 实力 shílì ⓜ 실력 | 切磋 qiēcuō ⓓ (학문 등을) 서로 토론하고 연구하다

DAY 089

진준·성구현의 음원 바로 듣기

希望大家旅途愉快，不枉此行。

Xīwàng dàjiā lǚtú yúkuài, bùwǎng cǐxíng.

즐거운 여행 되시길 바라며, 헛된 걸음이 아니길 바랍니다.

'希望'은 '희망하다, ~하길 바란다'의 의미로, 뒤에는 항상 문장이 와요.

확장연습

1 希望大家尽情地玩，尽情地喝。

Xīwàng dàjiā jìnqíng de wán, jìnqíng de hē.

부디 마음껏 놀고 마음껏 마시길 바랍니다.

2 希望你考上理想的大学。

Xīwàng nǐ kǎo shàng lǐxiǎng de dàxué.

당신이 꿈꾸던 대학에 합격하길 바랍니다.

3 我希望在中国找到工作。

Wǒ xīwàng zài Zhōngguó zhǎo dào gōngzuò.

나는 중국에서 일자리 찾기를 희망합니다.

PLUS 표현

1 能够欣赏到这样美丽的风景，不枉此行。

Nénggòu xīnshǎng dào zhèyàng měilì de fēngjǐng, bùwǎng cǐxíng.

이렇게 아름다운 풍경을 감상할 수 있다니, 이번 여행이 헛되지 않았어.

2 参加这次活动，我学到了很多，不枉此行。

Cānjiā zhè cì huódòng, wǒ xué dào le hěn duō, bùwǎng cǐxíng.

이번 행사에 참가해서 많은 걸 배웠어, 헛된 걸음이 아니었어.

'不枉'은 뒤에 오는 내용에 따라 '~하는 게 헛되지 않다, ~하는 것이 보람이 있다'의 의미로 쓰여요.

대화

活动结束之际，我真心希望大家有所收获。

Huódòng jiéshù zhī jì, wǒ zhēnxīn xīwàng dàjiā yǒusuǒ shōuhuò.

행사가 끝날 때면, 저는 진심으로 여러분에게 어느 정도의 성과가 있었으면 좋겠어요.

谢谢各位老师的关照，我们在这里学到了很多东西，不枉此行。

Xièxie gè wèi lǎoshī de guānzhào, wǒmen zài zhèli xué dào le hěn duō dōngxi, bùwǎng cǐxíng.

선생님들의 보살핌에 감사드리며, 이번에 정말 많은 걸 배웠어요. 헛된 걸음이 아니었지요.

단어 不枉 bù wǎng 헛되지 않다, 보람이 있다 | 尽情 jìnqíng ㊒ 마음껏 | 欣赏 xīnshǎng ㊍ 감상하다, 마음에 들어 하다, 좋아하다 | 有所 yǒusuǒ 다소 ~하다 | 收获 shōuhuò ㊔ 성과, 수확

DAY 090

진준·성구현의
음원 바로 듣기

听说这里是网红打卡地，我是头一次来。

Tīngshuō zhèli shì wǎnghóng dǎkǎdì, wǒ shì tóu yī cì lái.

듣자 하니 여기가 셀럽 핫플레이스래. 나는 처음 와.

'头一次'와 '第一次'는 둘 다 '처음'이란 뜻이며, 여기서 '一'는 1성으로 발음해요.

확장연습

1 我头一次借了我妈的钱。

Wǒ tóu yī cì jiè le wǒ mā de qián.

난 처음으로 엄마의 돈을 빌렸어.

2 我第一次参加面试。

Wǒ dì-yī cì cānjiā miànshì.

난 처음으로 면접에 참가해.

3 这是我头一次表演。

Zhè shì wǒ tóu yī cì biǎoyǎn.

이건 내가 처음으로 공연하는 거야.

PLUS 표현

1 我今天带你去本地的最新打卡地。

Wǒ jīntiān dài nǐ qù běndì de zuì xīn dǎkǎdì.

내가 오늘 현지의 최신 핫플레이스에 데려갈게.

2 北京的网红打卡地越来越多。

Běijīng de wǎnghóng dǎkǎdì yuèláiyuè duō.

베이징의 셀럽 핫플레이스가 점점 많아져.

'打卡地'는 '핫플레이스, 필수 방문지'라는 뜻으로 쓰이는 신조어예요.

대화

最新公布的十大网红打卡地，其中有一个就在附近。

Zuì xīn gōngbù de shí dà wǎnghóng dǎkǎdì, qízhōng yǒu yí ge jiù zài fùjìn.

최근 발표된 10대 핫플레이스 중 하나가 근처에 있어.

是吗？改天带我去看看，但是我不太相信那些广告。

Shì ma? Gǎitiān dài wǒ qù kànkan, dànshì wǒ bú tài xiāngxìn nàxiē guǎnggào.

그래? 나중에 나 한번 데려가 줘. 근데 그런 광고는 잘 안 믿는 편이야.

단어 网红 wǎnghóng ㊔ 왕훙, 온라인 셀럽, 크리에이터 | 打卡地 dǎkǎdì 핫플레이스 | 头一次 tóu yī cì 처음 | 公布 gōngbù ㊕ 발표하다, 공표하다 | 相信 xiāngxìn ㊕ 믿다 | 广告 guǎnggào ㊔ 광고

우리말에 맞게 중국어로 써 본 후 문장을 읽어 보세요.

1 난 그냥 말해주는 것 뿐이야. (只是~而已)

➡ ______________________________。

2 그는 항상 끊임없이 말한다. (~个不停)

➡ ______________________________。

3 지금 사러 가는 게 낫겠어. (还不如)

➡ ______________________________。

4 하는 김에 여기 닦아 줄 수 있어? (顺便)

➡ ______________________________?

5 난 영원히 널 떠날 수 없어. (离不开)

➡ ______________________________。

6 오늘 아파서 그는 학교에 안 갔어. (因为A, 所以B)

➡ ______________________________。

7 신분증 꺼내 주세요. (把)

➡ ______________________________。

8 오늘이 어제보다 훨씬 춥다. (比~多了)

➡ ______________________________。

9 당신이 꿈꾸던 대학에 합격하길 바랍니다. (希望)

➡ ______________________________。

10 난 처음으로 면접에 참가해. (第一次)

➡ ______________________________。

정답 p.252

진준·성구현의
음원 바로 듣기

진준의 心灵鸡汤

* 心灵鸡汤 xīnlíng jītāng : 마음을 치유해 주는 이야기

业余生活

在忙忙碌碌的工作中度过的每分每秒，总是那么的劳心劳力。

Zài mángmanglùlù de gōngzuò zhōng dù guò de měi fēn měi miǎo, zǒngshì nàme de láoxīn láo lì.

为了自己的前程和生活，我们应当努力工作。

Wèile zìjǐ de qiánchéng hé shēnghuó, wǒmen yīngdāng nǔlì gōngzuò.

但是一味地向前看、全力奔跑，难免会精疲力劲、随地倒下。

Dànshì yíwèi de xiàng qián kàn、quánlì bēnpǎo, nánmiǎn huì jīng pí lì jìn、suídì dǎo xià.

这时，适当地尝试新的业余生活也不妨是一个很好的选择。

Zhè shí, shìdàng de chángshì xīn de yèyú shēnghuó yě bùfáng shì yí ge hěn hǎo de xuǎnzé.

不用想得太复杂，下班后跟朋友看场电影，做会儿运动，或者学点儿新东西。

Búyòng xiǎng de tài fùzá, xià bān hòu gēn péngyou kàn chǎng diànyǐng, zuò huìr yùndòng, huòzhě xué diǎnr xīn dōngxi.

丰富的业余生活也能让我们重新振作起来，更好地面对明天。

Fēngfù de yèyú shēnghuó yě néng ràng wǒmen chóngxīn zhènzuò qǐlai, gèng hǎo de miànduì míngtiān.

여가생활

바쁘게 일하며 보내는 일분일초가 늘 몸과 마음을 힘들게 합니다.
앞날을 위해 우리는 응당 열심히 일해야 해요.
하지만 그저 앞만 보고 전력 질주를 한다면, 기진맥진해서 쓰러질 수도 있습니다.
이때, 새로운 여가 생활을 적절하게 누려보는 것도 탁월한 선택이라고 생각합니다.
너무 복잡하게 생각하지 말고, 퇴근하고 친구와 영화 한 편 보든지,
운동이나 새로운 걸 배우든지 하면 되지요.
다채로운 여가 생활은 우리가 다시 힘을 얻게 해주고, 더 좋은 내일을 맞이하게 해줍니다.

진짜
중국어

Chapter 10

DAY 091	我还以为这儿是售票处，是我搞错了。
DAY 092	你要买机票啊？现在还不是时候，现在为时过早。
DAY 093	我们该出门了，别磨蹭了。
DAY 094	那个人是我们的导游，跟着他走就是了。
DAY 095	总是这么丢三落四的，真拿你没办法！
DAY 096	今年取得了开门红，是一个好兆头。
DAY 097	我丢饭碗了，又被公司炒鱿鱼了。
DAY 098	不知道为什么，他一直给我穿小鞋，让我感到很为难。
DAY 099	这个铁公鸡又跑了！你找他算账去！
DAY 100	你这个马大哈，这样下去不是个办法。

DAY 091

我还以为这儿是售票处，是我搞错了。

Wǒ hái yǐwéi zhèr shì shòupiàochù, shì wǒ gǎo cuò le.

나는 여기가 매표소인 줄 알았어, 내가 착각했네.

'A以为B'는 'A가 B인 줄 알았다'의 뜻으로, 'A의 생각이 틀렸다'의 의미를 내포하고 있어요. '以为' 앞에는 '还'가 주로 와요.

확장연습

1 我还以为她是你妈妈！

Wǒ hái yǐwéi tā shì nǐ māma!

난 또 그녀가 너의 엄마인 줄 알았지!

2 我还以为汉语很难。

Wǒ hái yǐwéi Hànyǔ hěn nán.

난 중국어가 어려운 줄 알았다.

3 我以为这件衣服是名牌。

Wǒ yǐwéi zhè jiàn yīfu shì míngpái.

난 이 옷이 명품인 줄 알았다.

PLUS 표현

1 你确定是在这里吗？是不是搞错了？

Nǐ quèdìng shì zài zhèli ma? Shì bu shì gǎo cuò le?

여기가 확실해? 잘못 안 거 아니야?

2 对不起，是我搞错了日期，应该是明天。

Duìbuqǐ, shì wǒ gǎo cuò le rìqī, yīnggāi shì míngtiān.

죄송해요. 제가 날짜를 착각했어요. 내일이에요.

'搞错了'는 어떤 정보에 대해서 정확하게 알지 못하고 오해를 했거나 헷갈렸을 때 자주 쓰는 아주 유용한 표현인데, '弄错了'로 바꿔 써도 같은 의미가 돼요.

대화

时间到了，怎么一个人都没有？是不是搞错了？

Shíjiān dào le, zěnme yí ge rén dōu méiyǒu? Shì bu shì gǎo cuò le?

시간이 다 되었는데, 어째서 한 명도 없지? 잘못 알았나?

天啊！我现在重新确认了一下日期，原来是明天。

Tiān a! Wǒ xiànzài chóngxīn quèrèn le yíxià rìqī, yuánlái shì míngtiān.

맙소사! 지금 다시 날짜를 확인해 보니, 내일이었네.

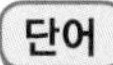

단어 售票处 shòupiàochù 명 매표소 | 名牌 míngpái 명 명품 | 确定 quèdìng 형 확실하다 동 확실히 하다 | 重新 chóngxīn 부 다시

진준 · 성구현의
음원 바로 듣기

DAY 092

你要买机票啊？现在还不是时候，现在为时过早。

Nǐ yào mǎi jīpiào a? Xiànzài hái bú shì shíhou, xiànzài wéishí guò zǎo.

너 비행기 표 사려고? 아직은 때가 아니야, 지금은 너무 일러.

'不是时候'는 '때가 아니다'라는 뜻으로 앞에 '아직'이란 뜻의 부사 '还'와 함께 사용하면 더욱 의미가 살아나요.

확장연습

1. 你要考HSK？还不是时候！
   Nǐ yào kǎo HSK? Hái bú shì shíhou!
   HSK 보려고? 아직은 때가 아니야!

2. 老师来得不是时候。
   Lǎoshī lái de bú shì shíhou.
   선생님께서 오신 타이밍이 안 맞아요.

3. 等一下！还不是时候。
   Děng yíxià! Hái bú shì shíhou.
   기다려! 아직 때가 아니야.

PLUS 표현

1 你这个年纪就结婚，为时过早。

Nǐ zhège niánjì jiù jié hūn, wéishí guò zǎo.

그 나이에 벌써 결혼하는구나, 이른 것 같아.

2 我们还没掌握充分的证据，
下定论为时过早。

Wǒmen hái méi zhǎngwò chōngfèn de zhèngjù,
xià dìnglùn wéishí guò zǎo.

우리 아직 충분한 증거를 잡지 못했어,
결론 짓는 건 아직 이른 거 같아.

'为时过早'는 주관적으로 '아직은 어떤 일을 하기에 너무 이르다'라는 뜻이에요.

대화

孩子年纪还小，现在就开始让他学这个，
为时过早。

Háizi niánjì hái xiǎo, xiànzài jiù kāishǐ ràng tā xué zhège,
wéishí guò zǎo.

아이가 아직 어린데 지금 이걸 배우라고 하는 건 너무 일러.

不早了！你出去看看，有的孩子都已经学完了。

Bù zǎo le! Nǐ chūqu kànkan, yǒude háizi dōu yǐjīng xué wán le.

이르지 않아! 나가서 좀 봐, 어떤 아이들은 이미 다 배운 거야.

단어 时候 shíhou ⑱ 때, 시간 | 掌握 zhǎngwò ⑤ 파악하다 | 充分 chōngfèn ⑱ 충분하다 | 证据 zhèngjù ⑱ 증거 | 下定论 xià dìnglùn 결론을 내리다

DAY 093

진준 · 성구현의 음원 바로 듣기

我们该出门了，别磨蹭了。

Wǒmen gāi chū mén le, bié móceng le.

우리 이제 출발할 때 됐다, 꾸물거리지 마.

'该A了'는 '이제 A할 때가 되었다' 또는 'A할 차례다'의 뜻으로, 이때 '了'는 완료의 의미가 아니므로, '该~了'를 고정격식으로 외워두시는 것이 좋아요.

확장연습

1 都穿了好几次了，该洗了。

Dōu chuān le hǎojǐ cì le, gāi xǐ le.

몇 번이나 입었는지 몰라, 빨 때가 되었네.

2 你太累了，该休息了。

Nǐ tài lèi le, gāi xiūxi le.

너 너무 피곤해, 쉴 때가 됐어.

3 别说话了，该上课了。

Bié shuō huà le, gāi shàng kè le.

그만 얘기해, 수업해야 돼.

PLUS 표현

1 每天早上起床以后磨蹭一个小时，怪不得经常迟到。

Měitiān zǎoshang qǐ chuáng yǐhòu móceng yí ge xiǎoshí, guàibude jīngcháng chídào.

매일 아침 일어나서 한 시간씩 꾸물거리더니, 그래서 자주 지각했구나.

2 他做事情我很放心，从来不会磨磨蹭蹭。

Tā zuò shìqing wǒ hěn fàng xīn, cónglái bú huì mómocèngcèng.

그가 일을 처리하면 안심이 돼. 한 번도 꾸물댄 적이 없어.

대화

你到底在磨蹭什么呢？赶紧签字，我们就可以回家了。

Nǐ dàodǐ zài móceng shénme ne? Gǎnjǐn qiān zì, wǒmen jiù kěyǐ huí jiā le.

도대체 뭘 망설이는 거야? 빨리 서명을 해야 우리도 집에 가지.

这又不像买菜那么简单，好好考虑一下，免得将来后悔。

Zhè yòu bú xiàng mǎi cài nàme jiǎndān, hǎohāo kǎolǜ yíxià, miǎnde jiānglái hòuhuǐ.

이게 무슨 장 보는 일처럼 간단한 것도 아니고, 잘 생각해야지, 나중에 후회하지 않게.

단어 磨蹭 móceng ㉺ 꾸물대다 | 迟到 chídào ㉺ 지각하다 | 放心 fàng xīn ㉺ 안심하다 | 赶紧 gǎnjǐn ㉫ 빨리, 어서 | 签字 qiān zì ㉺ 서명하다 | 免得 miǎnde ㉶ ~하지 않도록

진준·성구현의 음원 바로 듣기

DAY 094

那个人是我们的导游，跟着他走就是了。

Nàge rén shì wǒmen de dǎoyóu, gēnzhe tā zǒu jiùshì le.

저분이 우리 관광 가이드야, 저분을 따라가기만 하면 돼.

'跟'은 원래 전치사로 '~와(과)'의 뜻인데 동사로 쓰여 뒤에 '着'가 붙으면 '~을(를) 따라가다'의 의미가 돼요.

확장연습

1 大家跟着我读一下。

Dàjiā gēnzhe wǒ dú yíxià.

모두 저를 따라서 읽어보세요.

2 请跟着我来。

Qǐng gēnzhe wǒ lái.

저를 따라오세요.

3 不要一直跟着我。

Búyào yìzhí gēnzhe wǒ.

자꾸 나를 따라오지 마.

PLUS 표현

1 按照我说的去做就是了。

Ànzhào wǒ shuō de qù zuò jiùshì le.

내가 말한 대로 하면 돼.

2 不要有顾虑，你放心大胆做就是了。

Búyào yǒu gùlǜ, nǐ fàng xīn dàdǎn zuò jiùshì le.

염려하지 말고, 과감하게 하면 돼.

'~就是了'는 문장 맨 끝에 쓰여, 아주 긍정적이고, 자신감이 넘치는 어감을 나타내요.

대화

我以前没有来过这里，所以请你多多关照一下。

Wǒ yǐqián méiyǒu lái guo zhèli, suǒyǐ qǐng nǐ duōduō guānzhào yíxià.

나는 예전에 여기 와본 적이 없어, 그러니 잘 부탁해.

你放心吧，我对这里很熟，你跟着我走就是了。

Nǐ fàng xīn ba, wǒ duì zhèli hěn shú, nǐ gēnzhe wǒ zǒu jiùshì le.

안심해, 내가 여기 잘 아니까 나만 따라오면 돼.

단어 导游 dǎoyóu ⓜ 관광 가이드 | 按照 ànzhào ⓙ ~에 따라 | 顾虑 gùlǜ ⓜ 염려, 우려 ⓓ 주저하다, 염려하다 | 大胆 dàdǎn ⓗ 대담하다 | 关照 guānzhào ⓓ 돌보다 | 熟 shú ⓗ 잘 알다, 익숙하다

DAY 095

진준 · 성구현의 음원 바로 듣기

总是这么丢三落四的，真拿你没办法！

Zǒngshì zhème diū sān là sì de, zhēn ná nǐ méi bànfǎ!

이렇게 건망증이 심해서야, 정말 너를 어떻게 할 수가 없구나!

'真拿A没办法'에서 A 자리에 사람을 넣으면 'A는 정말 방법이 없다, A 때문에 두 손 두 발 다 들었다'의 의미로 사용돼요.

확장연습

1 真拿你没办法，好！你看着办。

Zhēn ná nǐ méi bànfǎ, hǎo! Nǐ kàn zhe bàn.

정말 못 말려, 좋아! 네 맘대로 해.

2 我都说了多少次了，真拿你没办法。

Wǒ dōu shuō le duōshao cì le, zhēn ná nǐ méi bànfǎ.

내가 몇 번을 말하니, 정말 너를 어떻게 하면 좋을까.

3 我的话他听不进去，真拿他没办法。

Wǒ de huà tā tīng bu jìnqu, zhēn ná tā méi bànfǎ.

그가 내 말은 아예 안 들으려고 하는구나, 정말 어찌할 방법이 없다.

PLUS 표현

1 做事不认真，丢三落四。

Zuò shì bú rènzhēn, diū sān là sì.

일을 대충 하네, 실수도 많고.

2 如果还想继续待在这儿，就不要丢三落四。

Rúguǒ hái xiǎng jìxù dāi zài zhèr, jiù búyào diū sān là sì.

계속 여기에 있고 싶으면 덤벙거리지 마.

'丢三落四'는 '잘 빠뜨리다, 이것저것 잘 잊어버리다, 건망증이 심하다, 실수가 많다'는 뜻의 성어예요.

대화

她这个人什么都好，就是经常丢三落四，真拿她没办法。

Tā zhège rén shénme dōu hǎo, jiù shì jīngcháng diū sān là sì, zhēn ná tā méi bànfǎ.

그녀는 다 좋은데, 항상 실수가 잦아, 정말 어쩔 도리가 없어.

你去告诉她，可以试着把重要的事情记到手机屏幕上。

Nǐ qù gàosu tā, kěyǐ shì zhe bǎ zhòngyào de shìqing jì dào shǒujī píngmù shang.

그녀에게 중요한 일은 휴대전화 화면에 보이게 적어 두라고 해.

단어 丢三落四 diū sān là sì ⓢ 건망증이 심하다, 잘 잃어버리다, 건성건성 하다 | 继续 jìxù ⓓ 계속하다 | 记 jì ⓓ 기록하다 | 屏幕 píngmù ⓜ 화면, 스크린

DAY 096

今年取得了开门红，是一个好兆头。

Jīnnián qǔdé le kāiménhóng, shì yí ge hǎo zhàotou.

올해 좋은 스타트를 끊었으니, 좋은 징조야.

'开门红'은 '시작부터 거둔 가시적인 성과, 좋은 출발'을 가리키는 관용어로 보통 '얻다, 획득하다'의 의미인 '取得, 赢得' 등의 동사와 함께 쓰여요.

확장연습

1. 刚开始就取得了开门红。
   Gāng kāishǐ jiù qǔdé le kāiménhóng.
   시작하자마자 좋은 결과를 냈다.

2. 一投资就得了开门红。
   Yì tóuzī jiù dé le kāiménhóng.
   투자하자마자 바로 좋은 성과를 거두었다.

3. 这场比赛他们赢得了开门红。
   Zhè chǎng bǐsài tāmen yíngdé le kāiménhóng.
   그들은 이번 시합에서 훌륭한 출발을 했다.

PLUS 표현

1 这个时候来人不是什么好兆头，你可要小心了。

Zhège shíhou lái rén bú shì shénme hǎo zhàotou, nǐ kě yào xiǎoxīn le.

이 시기에 사람이 오는 건 좋은 징조가 아니야. 너 조심해야겠다.

2 瑞雪兆丰年，是来年丰收的好兆头。

Ruìxuě zhào fēngnián, shì láinián fēngshōu de hǎo zhàotou.

때마침 오는 눈은 풍년의 징조야. 내년에 풍작일 거라는 좋은 징조지.

대화

我昨天做了一晚上的梦，梦里一直哭。

Wǒ zuótiān zuò le yì wǎnshang de mèng, mèng li yìzhí kū.

나 어젯밤 내내 꿈꿨어. 꿈에서 계속 울더라고.

没关系，梦是反的，
这可能是个好兆头。

Méi guānxi, mèng shì fǎn de,
zhè kěnéng shì ge hǎo zhàotou.

괜찮아, 꿈은 반대야. 좋은 징조일 수도 있어.

'梦是反的'는 '꿈은 현실이랑 반대야'라는 뜻으로 한국어에도 똑같은 표현이 있죠. 단독으로 많이 쓸 수 있어 유용해요.

단어 开门红 kāiménhóng 시작부터 거둔 가시적인 성과, 좋은 출발 | 兆头 zhàotou ⓜ 징조 | 瑞雪 ruìxuě ⓜ 때맞춰 내리는 눈, 서설, 상서로운 눈 | 丰年 fēngnián ⓜ 풍년 | 来年 láinián ⓜ 내년

진준 · 성구현의 음원 바로 듣기

DAY 097

我丢饭碗了，又被公司炒鱿鱼了。

Wǒ diū fànwǎn le, yòu bèi gōngsī chǎo yóuyú le.

나 밥줄 끊겼어, 또 회사에서 잘렸어.

‘炒鱿鱼’는 원래 ‘오징어를 볶다’인데 관용어로 ‘해고하다’의 뜻이 있어요. 오징어를 볶으면 동그랗게 말리죠? 동그랗게 말려서 굴러가라는 뜻으로 생긴 표현이랍니다.

확장연습

1. 我已经被公司炒鱿鱼了。
   Wǒ yǐjīng bèi gōngsī chǎo yóuyú le.
   난 이미 회사에서 잘렸어.

2. 我不想被炒鱿鱼。
   Wǒ bù xiǎng bèi chǎo yóuyú.
   나 해고당하기 싫어.

3. 老板要炒我鱿鱼。
   Lǎobǎn yào chǎo wǒ yóuyú.
   사장님이 날 해고하려고 해.

PLUS 표현

1 公司不景气，又要有人丢饭碗了。

Gōngsī bù jǐngqì, yòu yào yǒu rén diū fànwǎn le.

회사가 불경기라 또 누군가가 직장을 잃겠어.

2 不怕丢饭碗，只怕丢了志气。

Bú pà diū fànwǎn, zhǐ pà diū le zhìqì.

밥줄 끊기는 건 안 무서운데, 패기를 잃을까 걱정이야.

‘饭碗’은 ‘밥그릇’이기 때문에, ‘丢饭碗’은 ‘밥그릇을 잃다, 직장을 잃다’의 뜻이고, ‘铁饭碗’은 ‘철밥통’이란 뜻으로 주로 공무원을 가리키는 말로 많이 쓰여요.

대화

现在可没有什么铁饭碗，你要好好表现。

Xiànzài kě méiyǒu shénme tiěfànwǎn, nǐ yào hǎohāo biǎoxiàn.

지금은 철밥통이란 게 없어, 네가 잘해야 해.

对啊，一不小心就有可能丢饭碗，没有工作就没有收入了。

Duì a, yí bù xiǎoxīn jiù yǒu kěnéng diū fànwǎn, méiyǒu gōngzuò jiù méiyǒu shōurù le.

맞아, 자칫 실수하면 바로 직장을 잃을 수도 있어. 일이 없으면 수입도 없어지겠지.

단어 丢 diū 동 잃다 | 饭碗 fànwǎn 명 밥그릇 | 炒 chǎo 동 볶다 | 鱿鱼 yóuyú 명 오징어 | 不景气 bù jǐngqì 불경기, 불황 | 志气 zhìqì 명 패기, 열정 | 表现 biǎoxiàn 동 자신을 드러내다 | 收入 shōurù 명 수입

진준 · 성구현의 음원 바로 듣기

DAY 098

不知道为什么，他一直给我穿小鞋，让我感到很为难。

Bù zhīdào wèi shénme, tā yìzhí gěi wǒ chuān xiǎoxié, ràng wǒ gǎndào hěn wéinán.

왜 그러는지 모르겠어, 쟤는 계속 날 괴롭히네, 나를 난처하게 만들어.

'A给B穿小鞋'는 직역하면 'A가 B에게 작은 신발을 신기다'의 뜻으로, '괴롭히다, 못살게 굴다'는 의미로 쓰이는 관용어예요. '给' 자리에 '让'을 써도 같은 의미가 돼요.

확장연습

1 领导总是给我穿小鞋。

Lǐngdǎo zǒngshì gěi wǒ chuān xiǎoxié.

상사가 늘 나를 괴롭혀.

2 别人老给我穿小鞋，我该怎么办?

Biérén lǎo gěi wǒ chuān xiǎoxié, wǒ gāi zěnme bàn?

다른 사람들이 자꾸 괴롭혀, 나 어떡하지?

3 警告你，不要让我穿小鞋。

Jǐnggào nǐ, búyào ràng wǒ chuān xiǎoxié.

경고하는데, 나 괴롭히지 마.

PLUS 표현

1 你不要跟我提这样的要求，让我觉得很为难。

Nǐ búyào gēn wǒ tí zhèyàng de yāoqiú, ràng wǒ juéde hěn wéinán.

그런 요구는 말도 꺼내지 마. 나 곤란해.

2 他也是给人打工的，不要让他觉得很为难。

Tā yě shì gěi rén dǎ gōng de, bú yào ràng tā juéde hěn wéinán.

그도 다른 사람 밑에서 일하는 거니까, 그를 곤란하게 하지 마.

대화

我们公司的领导可能是对我有什么误会，
总是给我穿小鞋。

Wǒmen gōngsī de lǐngdǎo kěnéng shì duì wǒ yǒu shénme wùhuì,
zǒngshì gěi wǒ chuān xiǎoxié.

우리 회사 상사가 나한테 무슨 오해가 있나 봐. 항상 나를 괴롭혀.

误会什么呀，就是人品问题！

Wùhuì shénme ya, jiù shì rénpǐn wèntí!

오해는 무슨 오해야, 인성에 문제가 있는 거지!

'人品问题'는 중국 사람들이
자주 쓰는 말로, 한국 인터넷에서
유행했던 '인성에 문제 있어!'처럼
누군가의 인간성이나 인품에
문제가 있다는 말로 쓰여요.

단어 为难 wéinán 형 곤란하다, 난처하다 | 警告 jǐnggào 동 경고하다 | 要求 yāoqiú 명 요구 동 요구하다 | 打工 dǎ gōng 동 아르바이트하다 | 误会 wùhuì 명 오해 동 오해하다 | 人品 rénpǐn 명 인품, 인격

DAY 099

진준·성구현의 음원 바로 듣기

这个铁公鸡又跑了！你找他算账去！

Zhège tiěgōngjī yòu pǎo le! Nǐ zhǎo tā suàn zhàng qù!

이 구두쇠 또 도망갔네! 네가 그에게 복수 좀 해줘!

'铁公鸡'는 '구두쇠, 짠돌이'라는 뜻의 관용어예요. 원래는 '铁公鸡——一毛不拔'에서 뒤의 표현은 생략한 건데, 이런 표현을 '헐후어(歇后语)'라고 해요. 직역하면 '철로 된 수탉이라, 털 한 가닥도 뽑히지 않는다'의 뜻이죠.

확장연습

1 我们把这种人叫做"铁公鸡"。

Wǒmen bǎ zhè zhǒng rén jiàozuò "tiěgōngjī".

우리는 이런 사람을 '구두쇠'라고 해요.

2 我最烦像你这样的铁公鸡。

Wǒ zuì fán xiàng nǐ zhèyàng de tiěgōngjī.

난 너 같은 구두쇠가 제일 싫어.

3 真是个铁公鸡！

Zhēn shì ge tiěgōngjī!

아주 그냥 짜다 짜!

PLUS 표현

1 是谁欺负你的？我去找他算账。

Shì shéi qīfu nǐ de? Wǒ qù zhǎo tā suàn zhàng.

누가 너 무시했어? 내가 가서 갚아 줄게.

2 今天我非得找他算账不可。

Jīntiān wǒ fēiděi zhǎo tā suàn zhàng bùkě.

오늘 개랑 결판을 꼭 내야겠어.

'算账'은 '장부상의 숫자를 계산하다'라는 말이기 때문에 '계산하다'는 뜻으로 쓰여요. 그런데 돈과 상관 없이 '복수하다, 결판내다'의 의미로도 자주 쓰이는 표현이에요.

대화

他这样的铁公鸡，谁会愿意跟他做朋友？

Tā zhèyàng de tiěgōngjī, shéi huì yuànyì gēn tā zuò péngyou?

그렇게 구두쇠 같은 애랑 누가 친구 하길 바라겠어?

就是嘛！借我的钱也还没有还我，
我得找他算账去。

Jiùshì ma! Jiè wǒ de qián yě hái méiyǒu huán wǒ,
wǒ děi zhǎo tā suàn zhàng qù.

맞아! 내 돈 빌리고도 아직 안 갚았어. 꼭 결판을 내야겠어.

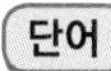

단어 铁公鸡 tiěgōngjī ⓜ 구두쇠 | 欺负 qīfu ⓢ 무시하다, 얕보다 | 愿意 yuànyì ⓢ 바라다, 원하다

DAY 100

你这个马大哈，这样下去不是个办法。

Nǐ zhège mǎdàhā, zhèyàng xiàqu bú shì ge bànfǎ.

너 이 덜렁이야, 이대로 계속해서는 안 돼.

'马大哈'는 '덜렁이'라는 뜻의 관용어인데요, '대충대충'이라는 뜻의 '马马虎虎', '건성건성'이라는 뜻의 '大大咧咧', 웃음소리를 나타내는 의성어인 '哈哈'의 합성어예요. 각각의 앞 글자를 따서 만든 것이지요.

확장연습

1 你才是个马大哈!

Nǐ cái shì ge mǎdàhā!

너야말로 덜렁이지!

2 我的外号是马大哈。

Wǒ de wàihào shì mǎdàhā.

제 별명은 덜렁이입니다.

3 他从小就是个马大哈。

Tā cóngxiǎo jiù shì ge mǎdàhā.

그는 어려서부터 덤벙거렸어.

PLUS 표현

1 要勇敢地面对问题，逃避不是个办法。

Yào yǒnggǎn de miànduì wèntí, táobì bú shì ge bànfǎ.

용감하게 문제를 바라봐야지, 도망치는 게 방법은 아니야.

2 我找他问清楚，这样等着不是个办法。

Wǒ zhǎo tā wèn qīngchu, zhèyàng děng zhe bú shì ge bànfǎ.

그에게 확실히 물어봐야겠어. 이렇게 기다리는 것만이 방법은 아니야.

대화

你这个马大哈，能不能好好做事情?

Nǐ zhège mǎdàhā, néng bu néng hǎohāo zuò shìqing?

이 덜렁이 같으니, 일 좀 제대로 할 수 없니?

我也想改，但是改不掉。我也觉得这样下去，真不是个办法。

Wǒ yě xiǎng gǎi, dànshì gǎi bu diào. Wǒ yě juéde zhèyàng xiàqu, zhēn bú shì ge bànfǎ.

나도 바꾸고 싶어, 그런데 바꿔지지가 않아. 나도 이렇게 가다가는 방법이 없을 거 같아.

단어 马大哈 mǎdàhā ⓜ 덜렁이 | 外号 wàihào ⓜ 별명 | 勇敢 yǒnggǎn ⓗ 용감하다 | 逃避 táobì ⓓ 도피하다, 도망치다

우리말에 맞게 중국어로 써 본 후 문장을 읽어 보세요.

1 난 또 그녀가 너의 엄마인 줄 알았지! （以为）

➡ ______________________________!

2 선생님께서 오신 타이밍이 안 맞아요. （不是时候）

➡ ______________________________。

3 너 너무 피곤해, 쉴 때가 됐어. （该~了）

➡ ______________________________。

4 자꾸 나를 따라오지 마. （跟看）

➡ ______________________________。

5 정말 못 말려, 좋아! 네 맘대로 해. （真拿你没办法）

➡ ______________________________。

6 그들은 이번 시합에서 훌륭한 출발을 했다. （开门红）

➡ ______________________________。

7 사장님이 날 해고하려고 해. （炒~鱿鱼）

➡ ______________________________。

8 상사가 늘 나를 괴롭혀. （给~穿小鞋）

➡ ______________________________。

9 아주 그냥 짜다 짜! （铁公鸡）

➡ ______________________________!

10 제 별명은 덜렁이입니다. （马大哈）

➡ ______________________________。

정답 p.252

진준 · 성구현의 음원 바로 듣기

진준의 心灵鸡汤

* 心灵鸡汤 xīnlíng jītāng : 마음을 치유해 주는 이야기

理想型

你想成为迷倒千万人的“理想型”，还是独一无二的“标准型”？

Nǐ xiǎng chéngwéi mí dǎo qiān wàn rén de “lǐxiǎngxíng”, háishi dú yī wú èr de “biāozhǔnxíng”?

人各有志，无论你选择哪一个，都值得被尊重。

Rén gè yǒu zhì, wúlùn nǐ xuǎnzé nǎ yí ge, dōu zhídé bèi zūnzhòng.

但是，要我来说，我们每个人都会有属于自己的理想型。

Dànshì, yào wǒ lái shuō, wǒmen měi ge rén dōu huì yǒu shǔyú zìjǐ de lǐxiǎngxíng.

那是你的择偶标准也好，或者是交友原则也好，几乎不可能百分百符合要求。

Nà shì nǐ de zé'ǒu biāozhǔn yě hǎo, huòzhě shì jiāoyǒu yuánzé yě hǎo, jīhū bù kěnéng bǎifēnbǎi fúhé yāoqiú.

我更希望，两个五十分的人走在一起，共同成长。

Wǒ gèng xīwàng, liǎng ge wǔshí fēn de rén zǒu zài yìqǐ, gòngtóng chéngzhǎng.

共同成长为彼此独一无二的一百分——彼此的理想型。

Gòngtóng chéngzhǎng wéi bǐcǐ dú yī wú èr de yìbǎi fēn —— bǐcǐ de lǐxiǎngxíng.

이상형

당신은 만인의 '이상형'이 되고 싶은 가요? 아니면 유일무이한 '표준형'이 되고 싶은 가요?
사람마다 생각이 다르니 당신이 어떤 걸 고른다고 해도 모두 존중받을 가치가 있습니다.
하지만 제가 봤을 땐, 우리 모두는 자신만의 원하는 스타일이 있죠.
배우자를 고를 때도, 친구를 사귈 때도, 100퍼센트 꼭 맞는 사람을 찾기란 거의 불가능해요.
그래서 저는 서로 50점인 두 사람이 함께 성장해나가길 더 바라요.
함께 성장하고 발전해서 서로의 유일무이한 100점짜리 이상형이 되길 바랍니다.

연습문제 정답

연습문제 I

1. 我一回家就看电影。
2. 从什么时候开始?
3. 你要喝咖啡还是(喝)牛奶?
4. 你知道我的手机在哪儿吗?
5. 他的文章让我印象深刻。
6. 你怎么老放屁呢!
7. 好不容易才到。
8. 外面开始下雨了，你幸亏走得早。
9. 怎样才能成为明星?
10. 太慢了! 快点好吗?

연습문제 II

1. 我终于成为牙医了。
2. 我有三个星期没有喝酒了。
3. 什么问题都能解决。
4. 他怎么不接电话?
5. 外面太吵了，害得我睡不着觉。
6. 没想到这么快就要进公司了。
7. 你再骗我也要相信你。
8. 他唱什么歌都好听。
9. 机票买好了再告诉我。
10. 吃了不干净的，吃坏了肚子。

연습문제 III

1. 你不觉得这样做不对吗?
2. 我看不得他难过。
3. 今天的晚饭白做了。
4. 别老躺着!
5. 穿厚点儿，否则容易感冒。
6. 你要用多久都可以。
7. 最近有很多事情，大家都不敢下班了。
8. 因为身体而休学了一个学期。
9. 我对自己充满信心。
10. 我能有今天，都是托家人的福。

연습문제 IV

1. 我把这本书从头到尾看完了。
2. 不管天气怎么样，我都希望你心情好。
3. 他的声音让我感到很紧张。
4. 为了公平起见，我们抽签决定!
5. 这是我唯一的妹妹。
6. 白色污染对环境有很大的危害。
7. 汉语越来越难了。
8. 千万别错过机会!
9. 漏水会导致漏电。
10. 对我来说，这个问题太难了。

연습문제 V

1. 这部电影很受大家的欢迎。
2. 你真漂亮啊！特别是鼻子！
3. 我帮你写。
4. 你什么时候请我吃北京烤鸭？
5. 你现在赶过去吧，搞不好你也会迟到的。
6. 我爷爷对我爸的影响极为大。
7. 千万不要死记硬背。
8. 我差点儿就迟到了。
9. 还是继续做吧。
10. 这两天我身体有点不舒服。

연습문제 VI

1. 老师也对我们很满意。
2. 这真的是你做的吗？
3. 你累吧？你先去睡吧。
4. 到了机场，你一定要打电话给我。
5. 明明喜欢，却不能在一起。
6. 你还记得吗？
7. 放在哪里？
8. 简直难以想象。
9. 我也对他有兴趣。
10. 汉语难是难，不过很有意思。

연습문제 VII

1. 明天或者后天
2. 你怎么三天两头就感冒吧？
3. 看电影有助于缓解压力。
4. 他一下子就答对了。
5. 好端端的，你干吗生气呢？
6. 我也给忘了。
7. 我觉得老师什么都知道。
8. 我能够解决这个问题。
9. 英语好的人不一定都是聪明的人。
10. 我今天又忘吃药了。

연습문제 VIII

1. 你怎么总是说话不算话呢！
2. 趁热吃吧。
3. 我认为我自己很优秀。
4. 你做完作业再看电视吧。
5. 每个人都有自己的个性。
6. 我看你一点儿都不胖。
7. 我听不惯他的声音。
8. 声音忽高忽低，我听不清楚。
9. 你凭什么发脾气？
10. 累得不得了。

연습문제 IX

1. 我只是说一下而已。
2. 他总是说个不停。
3. 还不如现在去买。
4. 可不可以顺便擦一下这里?
5. 我永远离不开你。
6. 因为今天生病，所以他没上学。
7. 请您把您的身份证拿出来。
8. 今天比昨天冷多了。
9. 希望你考上理想的大学。
10. 我第一次参加面试。

연습문제 X

1. 我还以为她是你妈妈!
2. 老师来得不是时候。
3. 你太累了，该休息了。
4. 不要一直跟着我。
5. 真拿你没办法，好！你看着办。
6. 这场比赛他们赢得了开门红。
7. 老板要炒我鱿鱼。
8. 领导总是给我穿小鞋。
9. 真是个铁公鸡!
10. 我的外号是马大哈。